Reden
für jeden Anlass

Henriette Kerner

Reden
für jeden Anlass

EDITION XXL

Inhalt

Musterreden und Tipps 42

Von der Vorbereitung zur guten Rede

„Das menschliche Gehirn ist eine groß-
artige Sache. Es funktioniert vom
Moment der Geburt an – bis zu dem
Zeitpunkt, wo du aufstehst, um eine
Rede zu halten."

Mark Twain

Wie hält man eine gute Rede?

Reden werden von jedem gefürchtet – sowohl bei denjenigen, die eine Rede halten sollen, als auch beim Publikum. Wer hat sich nicht schon einmal bei einer Rede gelangweilt und heimlich auf die Uhr gesehen und gehofft, dass die Zeit vorbeigehen möge und mit ihr die langweilige Rede?

Und welcher (bisher ungeübte) Redner hat nicht schon einmal die quälende Angst vor dem Versagen verspürt, während er zum Rednerpult ging? Wer ist nicht schon einmal ins Stottern oder Wanken geraten, noch bevor er den ersten vollständigen Satz ausgesprochen hatte?

Vielleicht aber hatten Sie bisher kaum Gelegenheit, Reden im Familienkreis zu hören. Und dann beeindruckte Sie eines Tages die Rede des Brautvaters auf einer Hochzeit, zu der Sie eingeladen waren. Das könnten Sie nie, haben Sie vielleicht gedacht. Und ich sage Ihnen: Doch, das können Sie!

Hier halten Sie den Leitfaden dazu in der Hand. Eine gute Rede ist leichter zu entwerfen, als Sie denken. Jeder Redner hat einmal klein begonnen. Er oder sie hielten ihre erste Rede und steckten dafür sowohl Lob als auch Tadel ein – denn auch das Redenhalten will erlernt sein. Und zum geübten Redner bringen Sie es nur, wenn Sie fleißig üben. Immer wieder.

Wundern Sie sich nicht, wenn Sie am Anfang zittern und vor Aufregung kaum einen zusammenhängenden Satz sagen können. Auch gewandte Redner überfällt zu Beginn Lampenfieber, das dann aber während des Vortrags vorübergeht. Je besser Sie vorbereitet sind, desto leichter geht Ihnen die Rede von den Lippen.

Mit dem richtigen Konzept, umfassender Vorbereitung, mit kleinen Tricks und Kniffen und der passenden Anleitung dazu gelingt jede Rede.

Die Vorbereitung ist alles!

Ohne Vorbereitung geht in der Regel nichts! Sofern Sie kein absolutes Naturtalent im Redenhalten sind und die Grundregeln auswendig beherrschen, sollten Sie sich unbedingt auf Ihre Rede vorbereiten.

Natürlich gibt es zahllose Musterreden – wie auch hier in diesem Buch –, die Sie schnell durch das bloße Ändern von Namen, Daten und Fakten zu Ihrer eigenen Rede umgestalten könnten. Aber Vorsicht: Dabei verliert die Rede meist auch ihre Glaubwürdigkeit und Echtheit, wirkt künstlich und hölzern.

Deshalb sollten Sie eine Rede immer in einem persönlichen Stil halten. Damit erzielen Sie die größte Wirkung! Sind Sie beispielsweise ein ernster, zurückhaltender Mensch, kann eine zu humorvolle Rede aufgesetzt wirken.

Die Stoffsammlung

Sammeln Sie Material! Die Stoffsammlung ist der Grundstock Ihrer Rede. Notieren Sie alles, was Ihnen spontan zum Thema einfällt.

Verwenden Sie die Musterreden ruhig als Anregungen für Ihre eigene Rede, kopieren Sie eventuell auch einmal einen Satz oder eine kleine Passage daraus, aber schreiben Sie keine einfach ab. Scheuen Sie sich nicht davor, Ihre eigenen Gedanken und Gefühle in die Rede einzubringen. Denn die sind der Schlüssel zu einer gelungenen Rede und lassen sie menschlich und authentisch wirken.

Grundregel eines so genannten „Brainstormings" ist, dass Sie alle Stichwörter, die Ihnen einfallen, auch aufschreiben und nicht verwerfen, weil Ihnen der Gedanke völlig abwegig erscheint. Später ergibt sich vielleicht aus gerade dieser Notiz eine pfiffige Idee.

Vielleicht können Ihnen auch die Antworten auf ein paar dieser Fragen weiterhelfen:

- Möchte ich diese Rede halten?
  Das ist kein Witz! Wenn Ihre Antwort auf diese Frage ein klares „Nein" ist, sollten Sie es lieber lassen! Nichts ist langweiliger und unglaubwürdiger als ein Redner, der eigentlich nichts zu dem Thema zu sagen hat oder sich dazu gezwungen fühlt.
- Wo werde ich meine Rede halten?
- Was ist das Ziel meiner Rede?
  Welche Botschaft möchte ich vermitteln? Überfrachten Sie Ihre Rede nicht mit mehreren Botschaften! Konzentrieren Sie sich lieber nur auf eine Hauptbotschaft und kommen Sie immer wieder im Laufe der Rede auf diese zurück. So bleibt auf jeden Fall etwas davon beim Publikum hängen.

> Mancher Redner versteht so viel von der Sache, dass ihn seine Zuhörer nicht verstehen.
>
> *Wolfram Weidner*

- Um welches Ereignis handelt es sich? Was assoziiere/verbinde ich damit?
- Was bedeutet mir dieses Ereignis persönlich? Was ist mir dabei wichtig?
- Welche traditionellen Bräuche gibt es zu diesem Ereignis?
- Wer ist der Ehrengast/sind die Ehrengäste, zu dem/denen, über den/die ich reden werde?
- Welche Geschichte/besonderen Lebensabschnitte hat er/haben sie?
- Welche persönlichen Erinnerungen/Anekdoten verbinde ich mit ihm/ihnen?
- Welche besonderen Eigenschaften hat er/haben sie?

- Welche Wünsche möchte ich ihm/ihnen mit auf den Weg geben? Vorsicht, Falle: Wünsche und Erwartungen sollten Sie immer positiv formulieren, also z. B. „Ich wünsche dem Brautpaar, dass Ihre Liebe immer so stark sein möge wie am heutigen Tage." Auf keinen Fall: „Ich wünsche dem Brautpaar, dass Ihre Liebe niemals enden möge."
- Wer wird sonst noch bei meiner Rede anwesend sein? Auf wen sollte ich sonst noch persönlich eingehen?

Was Sie daneben noch tun können:
- Recherchieren Sie im Internet, in Zeitungen und Zeitschriften zu dem Thema.
- Schlagen Sie Traditionen, Riten und historische Zusammenhänge zu dem Ereignis in Büchern nach.
- Sprechen Sie mit Freunden oder Verwandten über die Thematik.
- Lassen Sie sich von passenden Musterreden inspirieren.
- Stöbern Sie in Gedichtbänden und Sammlungen von Zitaten.

Anwesende?

Familie — Brautpaar

Freunde — Verwandte

Anlass?

Hochzeit — Nachbarn

meine Rede

Gasthaus „Zur Krone" — Glückwünsche für das Brautpaar

Südstadt — Unterhaltung

Ort?

Ziel?

Die Rohfassung

Sortieren Sie nun alles aus Ihrer Stoffsammlung aus, das nicht unmittelbar zu dem Thema passt, welches Sie sich für die Rede ausgesucht haben. So bekommen Sie eine klare Struktur in Ihre Rede, sozusagen den berühmten „roten Faden". Auch wenn Sie alles gleich wichtig finden, hier gilt: Weniger ist mehr! Eine Rede wird nur dann vom Publikum als eine „runde Sache" empfunden, wenn man einem Leitgedanken folgt, der sich durch den gesamten Vortrag zieht. Alles darum herum ist meist unnötiger Ballast, der die Rede schwerfällig und langweilig macht.

Jetzt bringen Sie die übrig gebliebenen Notizen in einen sinnvollen Zusammenhang, der dem dreiteiligen Grundaufbau einer Rede folgt: Einleitung, Hauptteil und Schluss.

Die Einleitung führt zum Hauptteil hin, im Hauptteil widmen Sie sich dem Thema und erzählen über Ihre Gefühle, im Schluss fassen Sie noch einmal zusammen und runden die Rede ab, indem Sie die Zuhörer in einen schönen Abend bzw. in die Feierlichkeiten entlassen.

Skizzieren Sie nun den Inhalt Ihrer Rede und formulieren Sie diese dann grob aus. Schrecken Sie nicht vor Übertreibungen zurück. Die endgültige Fassung erarbeiten Sie später. Hier geht es vor allem um die richtige Reihenfolge und Gliederung, aus der Sie die Rede erarbeiten können. Lassen Sie die Rohfassung der Rede im Anschluss mindestens einen Tag liegen, bevor Sie sich an die Korrektur setzen.

Eine Rede besteht aus:

1. Einleitung, etwa ein Fünftel der Rede.
2. Hauptteil, etwa drei Fünftel der Rede.
3. Schluss, etwa das letzte Fünftel der Rede.

Eine Rede muss:

1. mit Überraschungen erfrischen.
2. die Dramatik von Abschnitt zu Abschnitt erhöhen.
3. auf einen Höhepunkt zulaufen.

1. Die Einleitung

Die Einleitung muss die Zuhörer packen und zum Thema bringen: dem Hauptteil. Doch zu Beginn der Einleitung steht die Begrüßung.

Die Begrüßung

Jede Rede beginnt mit der Begrüßung. Natürlich können Sie nicht jeden Anwesenden namentlich aufzählen, aber hüten Sie sich auch vor pauschalen Anreden wie „Liebe Anwesende" und der darauf folgenden Floskel „Ich freue mich, dass Sie so zahlreich erschienen sind". Darüber freut sich niemand!

Gastgeber und Ehrengäste sollten Sie immer namentlich nennen, aber mit Fingerspitzengefühl. Mehr als drei Personen bzw. Personengruppen sollten Sie nicht aufzählen, sonst ermüden Sie Ihr Publikum. Und die, die nicht angesprochen wurden, fühlen sich vielleicht übergangen. Falls zu viele Ehrengäste anwesend sind, begrüßen Sie lieber alle pauschal.

Die Rede schreiben

Wenn Sie sich daransetzen, die Rohfassung Ihrer Rede auszuformulieren, sollten Sie immer die Redezeit im Auge behalten. Halten Sie sich an die allgemein gültige Richtlinie, dass eine Rede am besten zwischen drei und fünf Minuten lang sein sollte. Längere Vorträge langweilen Ihr Publikum nur.

> Tritt frisch auf, tu's Maul auf, hör bald auf.
>
> *Martin Luther*

 **Tipp:**

Denken Sie immer daran: Sie halten keinen Vortrag, sondern eine Rede. Wenn Sie reden, dann erzählen Sie mit Kompetenz und Humor.

Vermeiden Sie unpassende Anbiederungen. Sonst verlieren Sie das Wohlwollen des Publikums. Machen Sie die Formulierung der Anrede abhängig von der Art der Feier und der Enge Ihrer Beziehung zum Ehrengast: Bei einer Feier im offiziellen Rahmen bleiben Sie eher förmlich, im privaten Kreis der Familie und Freunde werden Sie natürlich persönlicher:

– „Meine Damen und Herren ..."
  (von einem männlichen Redner)
– „Meine Herren und Damen ..."
  (von einer weiblichen Rednerin)
– „Meine sehr verehrten Damen, sehr geehrte Herren, liebe Gäste ..."
– „Lieber Heinrich, liebe Gäste ..."
– „Sehr geehrter Herr Pfarrer Michels, liebe Familie ..."
– „Meine lieben Gäste ..."
– „Liebes Brautpaar, liebe Gäste ..."
– „Liebe Maria, lieber Fritz, liebe Freunde und Verwandte ..."

Der Einstieg

Unmittelbar nach der Begrüßung folgt der passende Einstieg, der die Gesellschaft auf die Rede einstimmt. Hierfür brauchen Sie einen originellen „Hinhörer", der die Aufmerksamkeit Ihres Publikums weckt und gleichzeitig zum Hauptthema hinführt.

Um den besten Einstieg zu finden, sollten Sie zunächst überlegen, welcher Anlass zu Grunde liegt. Bei einem traurigen Anlass wie einer Trauerfeier ist Humor natürlich nicht angebracht, bei freudigen Anlässen wie dem 18. Geburtstag, einer Hochzeit oder einem Jubiläum kann jedoch ein humorvoller Einstieg gewählt werden.

Humor ist eine Strategie, mit der Sie eigentlich immer gewinnen. Dabei müssen Sie keine Witze erzählen. Es gibt mehrere Möglichkeiten, die Rede humorvoll zu formulieren, ohne dabei den ernsten Hintergrund aus den Augen zu verlieren. Nutzen Sie die verschiedenen Techniken und verwenden Sie für Ihren Einstieg Zitate, Briefe, Auflistungen, Definitionen, Abkürzungen, lateinische Redewendungen oder tatsächlich einen Witz.

1. Zitate

Suchen Sie ein witziges Zitat, das zu Ihrem Thema passt. Wirkt das Zitat nicht, dann sind nicht nur Sie daran schuld, sondern auch derjenige, von dem das Zitat stammt.

Haben Sie sich für ein Zitat mit Überraschungseffekt entschlossen, das beispielsweise von jemandem stammt, dem es niemand zugetraut hätte, dann gehen Sie folgendermaßen vor: Stimmen Sie die Zuhörer zunächst ein oder eröffnen Sie mit dem Zitat. Machen Sie nun eine kurze Gedankenpause. Offenbaren Sie dann den Autor oder die Entstehungszeit und damit den Überraschungseffekt:

> Mit unserer Welt ist es in den letzten Jahren bergab gegangen. Die Kinder hören nicht mehr auf ihre Eltern. Das Ende der Welt ist nah.
>
> *Altägyptischer Priester, 2. Jahrtausend v. Chr.*

Zitate zum Thema: Alter

> Dass alles vergeht, weiß man schon in der Jugend; aber wie schnell alles vergeht, erfährt man erst im Alter.
>
> *Marie von Ebner-Eschenbach*

> Ich möchte nichts mit Naturkost zu tun haben. In meinem Alter braucht man alle Konservierungsstoffe, die man kriegen kann.
>
> *George Burns*

> Es gibt Menschen, die im Alter ihre Jugend haben.
>
> *Richard Rothe*

>>

Jugend wäre der ideale Lebensabschnitt,
wenn er etwas später käme.

Herbert H. Asquit

Die Falten um die Stirne dein,
lass sie nur heiter ranken;
das sind die Narben, die darein
geschlagen die Gedanken.

Joseph Victor von Scheffel

Leben heißt: Ein Violinkonzert geben,
während man Geige spielen lernt.

Samuel Butler

Der Mann bracht' es auf siebzig gar;
das heißt: Von seinem siebenten Jahr
hat all sein Wirken von Kind bis jetzt
nur eine Null ihm zugesetzt.

Franz Grillparzer

Kosmetik ist die Kunst, aus der Not eine
Jugend zu machen.

Hanns-Hermann Kersten

Das perfekte Alter liegt irgendwo
zwischen „junger Ignorant" und
„alter Besserwisser".

Willy Meurer

Zitate zum Thema: Abschied

Abschied – die innigste Weise menschlichen Zusammenseins.

Hans Kudszus

Man muss manchmal von einem Menschen fortgehen, um ihn zu finden.

Heimito von Doderer

Ohne Abschied gibt's kein Wiedersehen.

Walter Ludin

Aller Anfang ist schwer. Höchstens das
Aufhören ist manchmal noch schwerer.

Moritz Goldschmidt

Zitate zum Thema: Erfolg

Erfolgsmenschen sind leicht zu erkennen:
Sie haben immer blaue Flecken am Ellbogen.

Rudolf Platte

Zur Macht des Glücks bekennen sich nur
die Unglücklichen, denn die Glücklichen
führen alle ihre Erfolge auf Klugheit und
Tüchtigkeit zurück.

Jonathan Swift

Es gibt drei Regeln, wie man einen Roman
schreibt. Unglücklicherweise weiß niemand,
wie sie lauten.

William Somerset Maugham

Das Leben ist ein Spiel. Man macht keine
größeren Gewinne, ohne Verluste zu riskieren.

Joachim Ringelnatz

Was auf Anhieb gelingt, endet oft auch in
ähnlicher Weise.

Martin Gerhard Reisenberg

Zitate zum Thema: Freiheit

Die Freiheit des Menschen liegt nicht darin,
dass er tun kann, was er will, sondern darin,
dass er nicht tun muss, was er nicht will.

Jean-Jacques Rousseau

Da, wo's zu weit geht, fängt die
Freiheit erst an.

Werner Finck

Es liebt ein jeder frei sich selbst
zu leben nach dem eigenen Gesetz.

Johann Christoph Friedrich von Schiller

Freiheit bedeutet Verantwortlichkeit. Das ist der
Grund, weshalb die meisten Menschen sich vor ihr
fürchten.

George Bernhard Shaw

Freiheit ohne abendfüllendes Unterhaltungs-
programm ist die Hölle.

Erhard Schümmelfeder

Zitate zum Thema: Arbeit

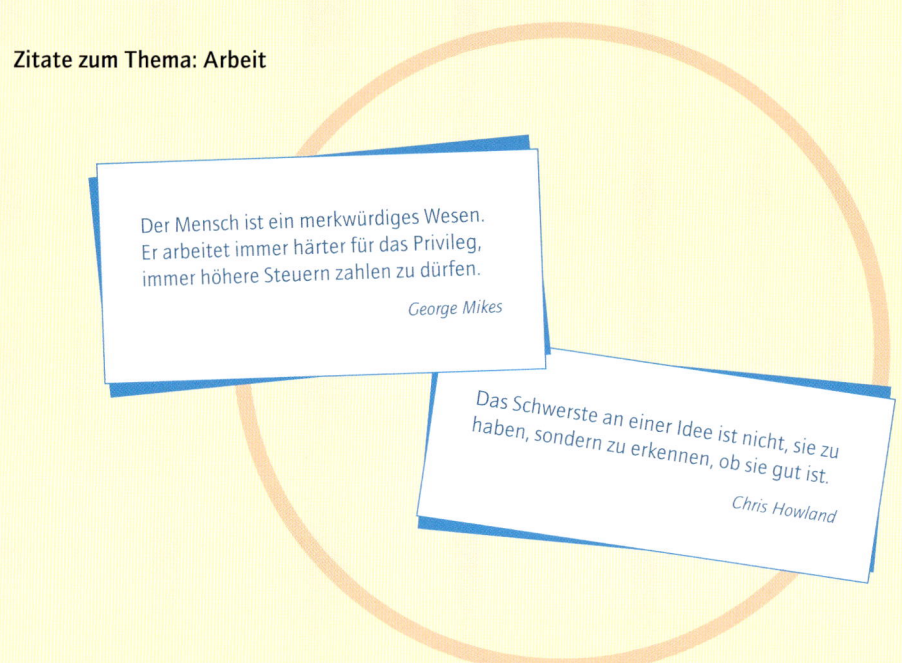

Der Mensch ist ein merkwürdiges Wesen.
Er arbeitet immer härter für das Privileg,
immer höhere Steuern zahlen zu dürfen.

George Mikes

Das Schwerste an einer Idee ist nicht, sie zu
haben, sondern zu erkennen, ob sie gut ist.

Chris Howland

Zitate zum Thema: Hochzeit

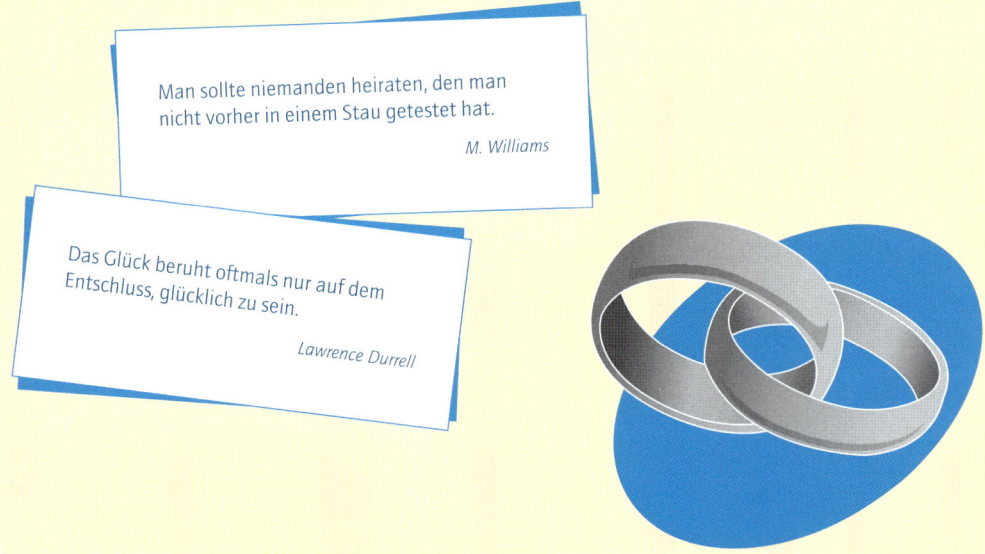

Man sollte niemanden heiraten, den man
nicht vorher in einem Stau getestet hat.

M. Williams

Das Glück beruht oftmals nur auf dem
Entschluss, glücklich zu sein.

Lawrence Durrell

Zitate zum Thema: Familie

Mit unserer Welt ist es in den letzten Jahren bergab gegangen. Die Kinder hören nicht mehr auf ihre Eltern. Das Ende der Welt ist nah.

Altägyptischer Priester, 2. Jahrtausend v. Chr.

Kinder von heute sind Tyrannen. Sie widersprechen ihren Eltern, kleckern mit dem Essen und ärgern ihre Lehrer.

Sokrates

Wenn ein Mann einer Frau ohne Grund Blumen kauft, dann hat er einen.

Aldo Cammarota

Erziehung ist die organisierte Verteidigung gegen die Jugend.

Mark Twain

Student der Wirtschaftswissenschaft telegrafiert an seinen Vater: „Wo bleibt Geld?" Vater telegrafiert an Sohn: „Hier!"

Arno Stölter

Zitate zum Thema: Risiko und Mut

Was man ernst meint, sagt man am besten im Spaß.

Wilhelm Busch

Ein Optimist ist ein Mensch, der im Restaurant Austern bestellt – in der Hoffnung, von den gefundenen Perlen die Zeche bezahlen zu können.

Ugo Tognazzi

Aus Rage entsteht Gott sei Dank manchmal Courage.

Hans Clarin

Zitate zum Thema: Leben

Ein Philosoph sagte einmal zu einem Fisch: „Der Sinn des Lebens ist, zu denken und weise zu werden." Der Fisch antwortete: „Der Sinn des Lebens ist, zu schwimmen und Mücken zu fangen." Der Philosoph murmelte: „Armer Fisch!" Der Fisch wisperte: „Armer Philosoph!"

Max Black

Mit der Dummheit kämpfen Götter selbst vergebens.

Friedrich von Schiller

Ich habe es schon häufig als bedauerlich empfunden, dass Noah und seine Sippe das Boot nicht verpasst haben.

Mark Twain

Wie lange ich lebe, liegt nicht in meiner Macht; dass ich aber, solange ich lebe, wirklich lebe, das hängt von mir ab.

Seneca

Erfahrung heißt gar nichts. Man kann seine Sache auch 35 Jahre lang falsch machen.

Kurt Tucholsky

Habe ich ohne wichtigen Grund eine Sitzung besucht?
Habe ich ohne wichtigen Grund durch eine Wortmeldung eine Sitzung verlängert und somit mich und andere von der Familie ferngehalten?
Lieber Gott, hilf mir, meinen Mund zu halten, bis ich weiß, worüber ich rede!

Franz Kardinal Hengsbach

Der Kapitalismus geht entweder an der Einkommensteuer kaputt oder an den wirtschaftspolitischen Reden.

Ephraim Kishon

Wieso weiß das Publikum immer ganz genau, wann der Redner aufhören sollte, er selbst aber höchst selten?

Verfasser unbekannt

2. Zitate aus Briefen

Wenn Sie aus den Briefen anderer Leute zitieren, sind Sie meist auf der sicheren Seite. Wie bei einem Zitat verhält es sich so, dass der Urheber der Zeilen dann eher im Rampenlicht steht als Sie, wenn die humorvolle Absicht nicht zündet. Schließlich haben Sie die Worte ja nicht selbst geschrieben.

Suchen Sie das Material in den Leserbriefen der Zeitung, in historischen Briefen aus der Bibliothek, in Briefen von Kindern oder auch im eigenen Fundus.

3. Auflistungen

Am Beginn einer Rede steht immer die Begrüßung. Beenden Sie die Begrüßung doch mit einem humorvollen Anhängsel – und schon sind die ersten Lacher auf Ihrer Seite. Ebenso locker können Sie die Zuhörer auch aus der Rede entlassen.

Liebe Konfirmandin, die du heute einen besonderen Tag feierst, liebe Paten, die ihr fleißig dazu beigetragen habt und ab heute aus der Arbeit entlassen seid, und liebe Eltern, die ihr noch weiter sorgen dürft ...

5. Abkürzungen

Mit Abkürzungen lassen sich leicht humorvolle Vergleiche finden. Denn natürlich dürfen Sie die Abkürzungen nicht wörtlich wiedergeben. Verwenden Sie möglichst eine Abkürzung, die jeder kennt.

U. A. w. g. stand auf meiner Einladung – und um eine Antwort werde ich auch nicht verlegen sein ...

4. Definitionen

Beginnen Sie Ihre Rede mit einer Definition, die zum Anlass passt, und nähern Sie sich dieser Definition anschließend mit humorvollen Vergleichen. Solche Definitionen finden Sie in Lexika.

Im Lexikon steht: Eine Ehe ist eine „auf Dauer angelegte Lebensgemeinschaft zweier (Monogamie) oder mehrerer (Polygamie) Menschen verschiedenen Geschlechts". Nun – wir leben in einem Kulturkreis, wo noch die Monogamie üblich ist.

6. Witze

Sind Sie ein guter Erzähler und kennen passende Witze, dann können Sie durchaus auch mit einem Witz die Rede eröffnen oder auch schließen. Ein Witz wirkt entkrampfend und kann eine Gesellschaft erfrischen.

Auch stellt sich beim gemeinsamen Lachen zwischen Redner und Zuhörern ein Zusammengehörigkeitsgefühl ein – man lacht über dieselben Dinge, also ist man sich ähnlich. Dieses Wir-Gefühl ist ein guter Einstieg, mit dem man das Publikum für sich gewinnt. Natürlich sollte der Witz genau zum Thema passen und den Grundstein für Ihre Rede legen, die Sie darauf aufbauen.

Bauen Sie den Witz in die Rede ein, dann weisen Sie nicht darauf hin, sonst könnte das Publikum eine Erwartungshaltung oder gar eine ablehnende Haltung einnehmen. Streuen Sie den Witz so an der passenden Stelle ein, dass er unerwartet kommt. Erzählen Sie den Witz mit normaler, ernsthafter Stimme, dann wird das Publikum nach der Pointe herzhaft und frei lachen.

Wenn Sie nach anderen Rednern sprechen müssen, ist das Publikum vielleicht bereits ermüdet – und würde sich über eine launige Rede besonders freuen. Übrigens: Witze dürfen Sie niemals ablesen, sondern müssen sie frei erzählen!

7. Lateinische Redewendungen

Manche Redewendungen sind allseits gut bekannt, andere zu speziell, als dass jeder um die Bedeutung weiß. Flechten Sie lateinische Redewendungen also vorsichtig ein und liefern Sie die Übersetzung am besten mit. Um nicht borniert zu wirken, können lateinische Redewendungen als launige Einwürfe oder Übertreibungen verwendet werden.

Auf jeden Fall sollten Sie deren genaue Übersetzung kennen, wenn Sie sie verwenden.

Lateinische Redewendungen	
a priori	„von vornherein"
ad absurdum	jemandem „die Unsinnigkeit (Absurdität)" einer Behauptung beweisen
ad acta	„zu den Akten" legen, erledigen
ad maiorem dei gloriam	„zum größten Ruhme Gottes"
advocatus diaboli	„Advokat/Anwalt des Teufels"
alter ego	„ein zweites Ich", ein guter Freund oder eine zweite Betrachtungsweise
carpe diem	„pflücke den Tag", nutze den Tag
circulus vitiosus	der „Teufelskreis", aus dem man scheinbar nicht ausbrechen kann
cogito, ego sum	„Ich denke, also bin ich" von René Descartes
corpus delicti	„Gegenstand des Verbrechens", Beweisstück
curriculum vitae	„Lebenslauf", abgekürzt: vita
de facto	„von den Tatsachen aus", nach der Lage der Dinge
errare humanum est	„Irren ist menschlich" von Seneca d. Ä.
ex officio	„von Amtes wegen"
habemus papam	„Wir haben den Papst (gewählt)"
honoris causa	„ehrenhalber", Dr. H. c.
incognito	„unerkannt"
in dubio pro reo	„im Zweifel für den Angeklagten"
in flagranti	„auf frischer Tat" (ertappt)
in medias res	„mitten in die Dinge hinein", mittendrin
in memoriam	„zum Gedächtnis", zur Erinnerung
in petto	„etwas bereithalten"
in spe	„in der Hoffnung", zukünftig
in vino veritas	„Im Wein liegt die Wahrheit", Betrunkene sagen die Wahrheit
mater dolorosa	„schmerzensreiche Mutter" Jesu
vivat	„Er/sie lebe hoch!"

>>

Lateinische Redewendungen

mea culpa	„durch meine Schuld"
nomen est omen	„der Name ist/hat (Vor-)Bedeutung", der Name sagt alles
non plus ultra	„nichts geht darüber hinaus", unübertroffen
nota bene	„Wohlgemerkt!"
ora et labora	„bete und arbeite", Leitspruch des Benediktinerordens
per pedes	„zu Fuß"
post festum	„nach dem Fest", nachträglich
pro forma	„nur zum Schein"
quo vadis?	„Wohin gehst du?", fragte Petrus Christus
quod erat demonstran-dum	„Was zu beweisen war", so schloss der Mathematiker Euklid seine Beweisführungen
semper idem	„immer derselbe"
sic transit gloria mundi	„So vergeht der Ruhm der Welt", Worte, die bei der Papstkrönung gesungen werden
spiritus rector	„führender, belebender Geist", treibende Kraft
status quo	„jetziger Zustand"
status quo ante	„früherer Zustand"
summa summarum	„Summe der Summen", alles in allem
tabula rasa	„abgewischte Tafel", reinen Tisch machen, einen Neubeginn machen
terminus technicus	„Fachausdruck"
ultima ratio	„das letzte Mittel, der letzte Ausweg"
ultimo	„Monatsende, letzter Tag"
urbi et orbi	„der Stadt (Rom) und dem Erdkreis", Segensspruch des Papstes
veni, vidi, vici	„Ich kam, ich sah, ich siegte!", sagte Cäsar über seinen schnell errungenen Sieg in Kleinasien
veto	„Ich erhebe Einspruch!", Einspruchsrecht

2. Der Hauptteil

Nach der Begrüßung und der Einleitung sind Sie im Hauptteil angekommen. Der geschickte Übergang z. B. mit einem humorvollen Zitat führte Sie zum Thema, dem Sie sich nun von verschiedenen Seiten nähern können.

Achten Sie dabei immer auf eine einfache und klare Gliederung des Hauptteils. Beleuchten Sie das Thema von allen Seiten und kehren Sie aber unbedingt immer wieder zu Ihrem „roten Faden" zurück.

Tipps für die **inhaltliche** Ausformulierung:
- Machen Sie keine anzüglichen Bemerkungen und beschwören Sie keine schmerzvollen Erinnerungen herauf.
- Ihre Rede ist zwei oder mehr Ehrengästen gewidmet? Dann räumen Sie jedem Ehrengast denselben Raum in Ihrer Rede ein, auch wenn Ihnen einer näher steht als der andere/die anderen.
- Reden Sie nie über Anwesende, sondern mit ihnen, indem Sie sie konkret ansprechen. So beziehen Sie Ihr Publikum in die Rede mit ein, z. B. „Du, lieber Matthias, ..."
- Reden Sie nicht nur über die Vergangenheit, sondern auch über die Zukunft des Ehrengastes. Natürlich sind Rückblicke unumgänglich in einer Rede, trotzdem sollten Sie immer zur Gegenwart und Zukunft des Ehrengastes zurückkommen.
- Erzählen Sie kleine Geschichten und Anekdoten beispielsweise aus dem Leben eines Jubilars, aber niemals in chronologischer Reihenfolge. Die Aneinanderreihung von Daten langweilt. Nutzen Sie lieber die Geschichten als Aufhänger, um die besonderen Vorzüge der Ehrenperson zu zeigen. Bleiben Sie dabei immer konsequent und verfallen Sie weder in eine Lobhudelei noch in eine zu sachliche Darstellung.

Tipps für die **sprachliche** Ausformulierung:
- Vermeiden Sie sprachlich schwierige Wörter, Fremdwörter sowie Fachbegriffe und verwenden Sie kurze Sätze mit klaren, einfachen Worten.
- Verwenden Sie einen Verbalstil, d. h. Sätze mit vielen Vollverben. Dieser Sprachstil wirkt dynamisch, lebendig und leicht verständlich. Sagen Sie beispielsweise nicht „Michaels Einverständnis kam sofort", sondern „Michael war sofort einverstanden."

> Für eine gelungene Rede gebrauche gewöhnliche Worte und sage ungewöhnliche Dinge.
>
> *Arthur Schopenhauer*

>>

- Lockern Sie den Text mit einigen Stilmit-
  teln der Rhetorik auf:
  - Stellen Sie rhetorische Fragen:
    „Wusstet ihr schon …?"
  - Sprechen Sie das Publikum direkt an:
    „Ihr wisst sicher alle, dass …"
  - Wiederholen Sie einzelne Satzteile:
    „Ich wünsche dir alles Glück der Welt.
    Ich wünsche dir Zufriedenheit. Ich wün-
    sche dir Gesundheit."
  - Seien Sie ironisch:
    „Schnell, wie er war, brauchte Markus
    nur zehn Jahre, um Sabrina um ihre
    Hand zu bitten."
  - Verwenden Sie Gegensätze:
    „Leicht ist es, sich zu verlieben, schwer
    jedoch, die Liebe am Leben zu halten."

Verwenden Sie die Stilmittel aber sparsam. Zu oft eingesetzte Fragen oder Redewendungen nutzen sich schnell ab.

- Formulieren Sie Verben im Aktiv und nicht
  im Passiv. Jeder passive Satz lässt sich in
  einen aktiven umwandeln. Sagen Sie beispielsweise nicht „Der Geburtstagskuchen
  wurde von Petra angeschnitten", sondern
  „Petra schnitt den Geburtstagskuchen an."
- Erzählen Sie Dialoge in direkter Rede und
  nicht in indirekter Rede.
- Nehmen Sie Rücksicht darauf, dass das
  Publikum meist aus verschiedenen Gene-
  rationen mit verschiedenen Bildungsni-
  veaus zusammengesetzt ist, und formulieren Sie allgemein verständlich.
- Bauen Sie ruhig regionale Redewendungen ein, wenn Sie sich sicher sind, dass alle
  Anwesenden sie verstehen.

- Eine gute Rede braucht **Rhythmus**. Er sorgt dafür, dass die Rede fließt und ihre Wirkung nicht verfehlt. Oftmals wirken zu lange Sätze dem Rhythmus entgegen. Finden Sie durch lautes Lesen den richtigen Rhythmus. Da, wo die Sätze holpern, sind diese vielleicht zu lang. Kürzen Sie die Sätze, bilden Sie aus verschachtelten Teilen lieber mehrere kleine mit deutlichem Akzent und Sie werden sehen: Ihre Rede fließt und klingt rhythmischer.

3. Der Schluss

Mit einem guten Schluss fassen Sie noch einmal die Hauptgedanken zusammen und legen Ihr Redeziel nochmals intensiv dar. Sie schlagen sozusagen thematisch einen Bogen zum Anfang der Rede. Anschließend entlassen Sie das Publikum in die Feierlichkeiten.

Je nachdem, wie kraftvoll Sie diesen Schlussakkord setzen, desto tosender wird der Beifall sein und desto beschwingter das Publikum in den Abend gehen und auch miteinander ins Gespräch kommen.

Für den Schluss eignet sich deshalb ein Zitat oder eine Anekdote, die noch einmal eine Pointe zum Thema setzt und sich auf den Anlass oder Adressaten bezieht. Kündigen Sie den Schluss nicht an, sondern lassen Sie die Schlusspointe auf den Hauptteil wie einen

nächsten Inhaltspunkt folgen. Da Sie die Dramatik innerhalb Ihrer Rede gesteigert haben, wird er als letzter Tusch wie der Abschluss einer rundherum gelungenen Rede wirken.

Bedanken Sie sich keinesfalls nun mit Floskeln wie „Vielen Dank für Ihre Aufmerksamkeit!" oder „Mehr fällt mir jetzt nicht ein, deshalb höre ich jetzt auf!" Damit machen Sie alles vorher Gesagte zunichte und entlassen die Zuhörerinnen und Zuhörer mit einem flauen Gefühl.

Beenden Sie Ihre Rede mit einem Toast. Heben Sie Ihr Glas und sagen Sie (keinesfalls „Prost", sondern) „auf euer Glück …", „auf einen schönen Abend …" oder „auf uns alle …"

Die Gestaltung des Manuskripts

Die Gestaltung Ihres Redemanuskripts hängt davon ab, ob Sie die Rede frei vortragen oder ablesen möchten. Am besten lernen Sie die Rede – und ganz besonders den Anfang und Schluss – auswendig, damit sie flüssig wirkt. Damit ist natürlich nicht gemeint, dass Sie sich Wort für Wort merken sollen, sondern nur das Ideengerüst, an dem Sie sich dann entlanghangeln können. Ihr Manuskript besteht dann aus Stichwörtern – für jeden Gedankengang ein Stichwort, das Sie daran erinnert, was Sie sagen möchten. Wenn Sie sich nicht sicher genug für eine freie Rede sind, können Sie die Rede natürlich auch in Ihrem Manuskript komplett ausformulieren und vorlesen.

Sie können auch mit beiden Möglichkeiten das Manuskript gestalten. Lassen Sie dafür links einen Rand, damit Sie das Manuskript gut in die Hand nehmen können, ohne Text zu verdecken. Teilen Sie das Manuskript so ein, dass links nur Stichwörter stehen, neben denen dann rechts der volle Wortlaut erscheint. Falls Sie frei sprechen möchten, können Sie nur anhand der Stichwörter reden. Sobald Sie stocken, können Sie rechts den vollen Wortlaut lesen.

Am besten verwenden Sie für Ihr Manuskript A6-Karteikarten, je nach Vorliebe liniert oder blanko. Nehmen Sie pastellgelbes oder hellbeiges Papier für Ihr Manuskript. Es ist dezent und blendet nicht so wie weißes Papier. Andere Farben können zu dunkel für die Beleuchtung sein oder auch schreiend oder gar geschmacklos wirken.

Wenn Sie eine leserliche Handschrift haben, schreiben Sie das Manuskript mit der Hand. Ist sie eher unleserlich, sollten Sie das Manuskript am Computer schreiben. Wählen Sie dazu eine große, gut lesbare Schrifttype und einen anderthalb- bis zweizeiligen Zeilenabstand, damit Sie den Text auch aus der Entfernung lesen können und das Manuskript nicht zu nahe an das Gesicht halten müssen.

Beschreiben Sie etwa zwei Drittel des Papiers von oben, damit Sie beim Ablesen des Textes den Kopf nicht so weit nach unten beugen müssen und Ihre Hand nicht den Text verdeckt. Heben Sie wichtige Stichwörter in Fettdruck hervor, damit Sie diese sofort wiederfinden zwischen all den Notizen. Markieren Sie Ihre **Sprechpausen** im Manuskript mithilfe von „Pausenstrichen". In diesen Pausen atmen Sie. Die Worte vorher bekommen Zeit, sich beim Zuhörer zu setzen und damit zu wirken. Beim Üben Ihrer Rede können Sie die Pausenstriche auch mit Bleistift einfügen.

Und dann kam der Tag, / an dem alles anders wurde.

Der **Blickkontakt** mit dem Publikum ist wichtig. Kennzeichnen Sie im Manuskript durch Unterstreichungen, wann Sie den Blick heben und ins Publikum schauen wollen.

> Und dann kam der Tag, /
> <u>an dem alles anders wurde.</u>

Auch **Betonungen**, die besonders wichtig sind, können Sie im Manuskript anmerken. Bei Wörtern mit mehreren Silben setzen Sie auf die Silbe, die betont werden soll, einen Akzent.

> Und dann kam der Tag, /
> <u>an dem álles ánders wurde.</u>

Die Probe

Um Sicherheit zu bekommen, müssen Sie die Rede einige Male vor Ihrem Auftritt üben. Zuerst lesen Sie sich den Text ein paar Mal laut vor, damit Sie ein Gefühl für Betonungen bekommen. So finden Sie auch heraus, wann Sie Pausen zum Luftholen oder für Lacher des Publikums machen müssen.

Anschließend machen Sie ein paar Probeläufe vor dem Spiegel und stoppen dabei die Zeit. Sprechen Sie langsam und deutlich, aber im normalen Alltagston. Ist die Rede zu lang? Dann müssen Sie sich wohl oder übel noch einmal ans Kürzen machen.

Zu guter Letzt tragen Sie als Generalprobe die Rede einem guten Freund vor, bei dem Sie sich sicher sind, dass er Ihnen ehrlich sagt, was er von Ihrem Vortrag hält.

Die Rede halten

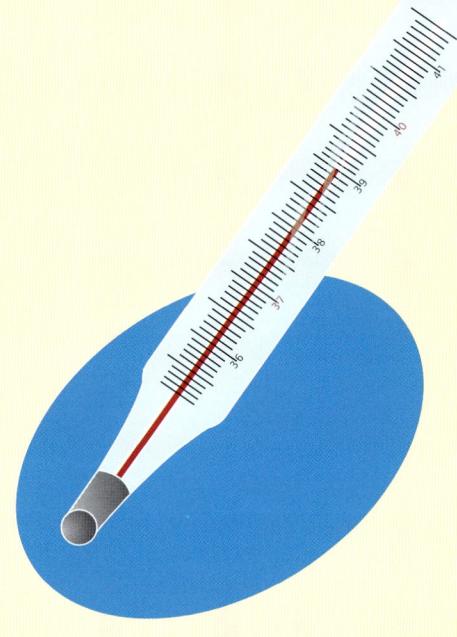

Ihre Rede steht kurz bevor. Jetzt zeigt sich, dass sich die ausführliche Vorbereitung und das gut ausgearbeitete Manuskript in Ihrer Hand auszahlen. Beide geben Ihnen die Sicherheit, die Sie für den Auftritt brauchen.

Was tun gegen Lampenfieber?

Plötzlich bekommen Sie trotzdem Herzrasen, die Luft bleibt Ihnen weg und viele Schweißtropfen bilden sich auf Ihrer Stirn ... Sie haben Lampenfieber.

Damit befinden Sie sich in bester Gesellschaft, denn es gibt kaum einen Redner, der nicht von Lampenfieber geplagt ist. Nutzen Sie nun Techniken, die helfen, ruhiger und entspannter zu werden.

Sie können dem Lampenfieber nämlich mit einer guten Atemtechnik und kleinen Tricks wirkungsvoll entgegentreten.

Schlägt Ihr Herz aufgeregt, dann seufzen Sie einmal tief, das erleichtert. Formulieren Sie beim Ausatmen ein „Ja" und ein „So", das Sie mit aushauchen und später gedanklich bei jedem langen Atemzug fortsetzen. Diese Beruhigungstechnik wird Sie für den ersten Satz vorbereiten, den Sie dann ohne zittrige Stimme zum Publikum sprechen werden.

Dann beginnen Sie, langsam, deutlich und konzentriert zu sprechen – hetzen Sie nicht durch Ihre Rede. Achten Sie auf eine gleichmäßige und ruhige Atmung.

Die richtige Atemtechnik

Vielleicht bleibt Ihnen vor Aufregung die Luft weg – auch dagegen gibt es einen Trick: Liegt vor Ihnen eine Rede von einem Podium aus, dann atmen Sie auf dem Weg dahin mehrmals tief und langsam durch.

Am Pult legen Sie Ihr Manuskript ab, ordnen Sie alles, wie Sie es brauchen, und schauen Sie dann die Zuschauer freundlich an. Atmen Sie dabei ruhig und bewusst langsam weiter.

Wollen Sie eine Tischrede halten, so erheben Sie sich ruhig und nicht zu schnell.

Fangen Sie nicht sofort mit dem Sprechen an, sondern lassen Sie zehn Sekunden vergehen, um sich zu sammeln und auch das Publikum auf Sie einzustellen. Zählen Sie für sich bis zehn. Bevor Sie den ersten Satz sprechen, müssen Sie kräftig ausatmen! Beginnen Sie mit der Begrüßung langsam und mit vielen bewussten Pausen.

So werden sich bald die richtige Atmung einstellen und das Lampenfieber verschwinden.

Weitere Tipps gegen Lampenfieber:

- Üben, üben und nochmals üben. Je sicherer Sie sich sind, dass Sie die Rede beherrschen, desto ruhiger werden Sie bei Ihrem Auftritt sein.
- Kämpfen Sie nicht gegen das Lampenfieber an, sondern akzeptieren Sie Ihre Aufregung als positiven Stress, der Adrenalin ausschüttet und Ihnen Konzentrationsfähigkeit verleiht.
- Gehen Sie Ihre Rede langsam in Gedanken durch. Das verleiht Sicherheit.
- Versuchen Sie zuerst innerlich zu lächeln und dieses Lächeln dann nach außen zu transportieren. Das setzt positive Energie frei und stimmt Sie positiv auf die Rede ein. Und das Publikum lässt sich von einem ehrlichen, offenen Lächeln schnell in den Bann ziehen.
- Atmen Sie ruhig und gleichmäßig in den Bauchraum und fühlen Sie, wie sich die Spannung in Ihrem Inneren löst.

Halten Sie Blickkontakt!

Sprechen Sie zu Ihrem Publikum, nicht zu dem Blatt Papier vor Ihnen! Blickkontakt ist erforderlich, damit die Rede gelingt und bei Ihrem Publikum ankommt. Alle Zuhörer und besonders die Hauptperson(en) sollten das Gefühl haben, dass Sie mit ihnen in Kontakt treten, also dass Sie sie ansehen. Auch sollten Sie von allen Personen gleich gut gehört und gesehen werden. Die Unterstreichungen im Manuskript, die anzeigen, wann Sie den Kopf heben und ins Publikum blicken möchten, geben Ihnen Sicherheit.

In Dialog treten

Nicht nur der Blick bringt Sie mit dem Publikum in Kontakt, sondern auch bestimmte Redetechniken wie Pausen, rhetorische Fragen, Zitate und Behauptungen. Ihre Rede sollte Emotionen auslösen. Sie tragen nicht nur vor, sondern erzählen – immer im Hinblick auf Ihr Publikum – und treten dadurch mit ihm in einen Dialog. An bestimmten Signalen erkennen Sie, ob das Publikum Ihnen folgt. Verbale Äußerungen wie „hm", „ja", nein", „stimmt" oder auch Nicken, Kopfschütteln, Lachen zeigen Ihnen, dass die Zuhörer mit Ihnen in einen Dialog getreten sind.

Reden im Stehen oder Sitzen

Achten Sie darauf, dass Sie von allen Anwesenden gut gesehen und gehört werden. Nichts ist langweiliger für die Zuhörer, als wenn diese den Redner weder sehen noch gut hören können.

Bei einem großen Vortrag oder einer Rede sollte das Podium hoch genug sein, damit der Redner von allen Plätzen gleich gut sichtbar ist. Bei Familienfeiern stellen Sie sich am besten so, dass möglichst viele Anwesende Sie sehen und Sie mit diesen in Blickkontakt treten können.

Müssen Sie im Sitzen sprechen, dann lehnen Sie sich keinesfalls zurück, sondern setzen sich aufrecht hin. Dadurch können Sie nicht nur leichter atmen, Sie wirken auch dynamischer und konzentrierter.

Gestik, Mimik und Stimme

Es ist nicht nur wichtig, was Sie sagen, sondern auch, wie Sie es sagen. Eine angenehme Stimmlage und die Körpersprache sind laut Statistik zu ca. 50 % dafür verantwortlich, wie ein Redner auf sein Publikum wirkt. Die Körpersprache drückt Gefühle aus, und genau damit erreichen Sie die Zuhörer. Daher ist es wichtig, dass Sie Ihre Rede zuvor mehrmals vor dem Spiegel geprobt und eventuell passende Gesten eingeübt haben.

> *Tipp :*
>
> **Trinken Sie gegen den trockenen Mund einen Schluck Wasser, bevor Sie mit dem Reden beginnen.**

Bei Gesten müssen Sie jedoch darauf achten, dass Sie Ihrem Typ, Ihrer Natur entsprechen. Gesten, die untypisch für Sie sind, wirken gekünstelt und aufgesetzt. Das kann auf Ihr Publikum sehr abschreckend wirken.

Ihre Mimik muss zur jeweiligen Situation passen. Wenn Sie gerade eine lustige Anekdote zum Besten geben und dabei ernst in die Runde schauen, irritiert das die Zuhörenden. Sie wirken dann unehrlich und nicht überzeugend auf die Anwesenden. Ein Lächeln oder Schmunzeln an der richtigen Stelle kann eine unglaubliche Wirkung auf Ihr Publikum haben!

Aber Vorsicht: Setzen Sie Gestik und Mimik sparsam ein. Treten Sie freundlich auf, aber werden Sie nicht zum Dauerlächler. Besonders bei Trauerreden sollten Sie mit ernster, ruhiger Stimme reden. Und wenn Sie jede Ihrer Aussagen mit einer Geste unterstreichen, wirken Sie nicht mehr natürlich und locker.

Eine angenehme Stimmlage erzeugen Sie, indem Sie Ihren natürlichen Atemrhythmus beim Sprechen beibehalten. Eine aufrechte Körperhaltung und eine entspannte Grundstimmung sind die Voraussetzungen hierfür.

>>

Je ruhiger Sie sind, desto tiefer und angenehmer klingt Ihre Stimme. Wenn Sie zu nervös sind, atmen Sie nur mit dem oberen Brustraum und Ihre Stimme klingt gepresst und angespannt. Deshalb: Immer ruhig und tief in den gesamten Bauchraum atmen beim Sprechen!

Weitere Tipps für Ihre Stimme:

- Führen Sie vor der Rede eine lockere Unterhaltung mit einem der Gäste. Das ist eine gute Vorbereitung für Ihre Stimme.
- Achten Sie darauf, dass Sie regelmäßige Atempausen in der Rede einplanen und im Manuskript markieren.
- Atmen Sie vor der Rede mehrmals langsam durch die Nase aus und wieder ein. Während Sie die Luft ausströmen lassen, summen Sie leise vor sich hin.

Was tun bei kleinen Pannen?

Pannen während Ihres Vortrags können passieren. Sie müssen nur wissen, wie Sie darauf reagieren müssen, um nicht wie ein begossener Pudel dazustehen. Wenn Sie darauf locker und mit Humor reagieren, beeindrucken Sie Ihr Publikum sogar mit Ihrer Schlagfertigkeit. Wenn Sie technische Hilfsmittel für Ihre Rede verwenden, z. B. ein Mikrofon, einen Projektor usw., sollten Sie vor Ihrem Auftritt auf jeden Fall prüfen, ob diese funktionieren.

Was tun, wenn ...

- ... das Mikrofon ausfällt?
  Fragen Sie die Zuhörer, ob Sie auch so verstanden werden (bis der Schaden behoben ist)
  ... oder machen Sie eine Pause (bei längeren Vorträgen/Reden)
  ... oder beenden Sie die Rede zügig.
- ... etwas umfällt?
  Heben Sie es wieder auf mit dem Kommentar „Ich bin heute anscheinend umwerfend." So haben Sie die Lacher schon wieder auf Ihrer Seite. Stellen Sie den Gegenstand zurück, er zieht sonst die Aufmerksamkeit der Anwesenden auf sich und lenkt von der Rede ab.
- ... Ihnen die Stimme versagt?
  Machen Sie eine kleine Pause, versuchen Sie, sich zu beruhigen, und beginnen Sie neu. Bei einer Trauerfeier können Sie die Rede beenden, was alle Anwesenden verstehen werden.
- ... das Publikum plötzlich unruhig wird?
  Fragen Sie nach, was die Ursache ist, und warten Sie auf Abhilfe. Ist die Rede der Grund, dann straffen Sie diese und kommen Sie zum Ende.

Typische Redesünden

- Sie klopfen an Ihr Glas, um die Gäste darauf aufmerksam zu machen, dass Sie sprechen möchten. Stehen Sie besser einfach auf und warten Sie darauf, dass Ruhe eintritt. Ist das nicht der Fall, können Ihre Tischnachbarn für Sie an ihre Gläser klopfen, um die Aufmerksamkeit der Anwesenden auf Sie zu lenken.
- Sie nehmen eine verkrampfte Körperhaltung ein. Sie müssen Souveränität ausstrahlen, um Ihr Publikum auf Ihre Seite zu ziehen.
- Sie fuchteln zu viel mit Ihren Händen und Füßen herum. So wirken Sie lächerlich und unsicher. Sie müssen aber Ruhe und Selbstsicherheit ausstrahlen.
- Sie verziehen während Ihres Vortrags keine Miene. Passen Sie Ihre Mimik dem an, was Sie gerade sagen. So wirken Sie authentisch und fesseln Ihre Zuhörer.
- Sie verwenden zu lange Sätze. Bauen Sie Ihre Rede lieber mit vielen kurzen Hauptsätzen auf. So kommen Sie auch nicht in die Verlegenheit, während eines Bandwurmsatzes außer Atem zu geraten.

- Sie benutzen zu viele Fremdwörter, komplizierte Ausdrücke und Passivkonstruktionen. Halten Sie Ihre Wortwahl stattdessen einfach und klar verständlich.
- Sie flechten zu viele „Ähms", „Hms" usw. in Ihren Vortrag ein. Ein paar sind normal, aber sie dürfen nicht zu häufig vorkommen, sonst wirken Sie unsicher, fahrig und zerstreut.
- Sie nutzen keine rhetorischen Stilmittel wie z. B. Wiederholungen, rhetorische Fragen oder Ironie.
- Sie sprechen zu undeutlich, zu schnell und ohne Pausen. Damit überfordern Sie Ihr Publikum und es schaltet ab.
- Sie beziehen Ihr Publikum nicht mit ein. Sagen Sie nicht: „Auch wenn man es noch nicht weiß, …", sondern „Auch wenn Sie es noch nicht wissen, …"
- Sie bemühen sich nicht um Blickkontakt. Halten Sie den Kontakt zu Ihren Zuhörern aufrecht, sonst verlieren Sie deren Aufmerksamkeit.
- Ihre Redezeit überschreitet die magische Grenze von fünf Minuten. Dann verbreiten Sie bald nur noch Langeweile.
- Sie beenden Ihre Rede mit einem platten „Prost". Denken Sie sich lieber schönere Formulierungen aus.

Grundlage vieler Reden: Die Tischrede

Das gemeinsame Essen nahm immer einen bedeutenden Teil in der menschlichen Gemeinschaft ein. Gab es etwas zu feiern, zu besprechen oder zu gedenken – die Familie oder Gleichgesinnte fanden sich zu einem gemeinsamen Mahl zusammen.

Auch heute kommen Menschen bei einem Essen zusammen, um Geburtstage, Gedenkfeiern, Examina, Jubiläen, Familienfeiern oder Abschiede zu zelebrieren. Und dabei ist es bis heute üblich, dass Reden gehalten werden. Üblich ist hier vor allem die „Tischrede". Sind Sie zu einem abendlichen Essen geladen, das in einem festlichen Rahmen stattfindet, können Sie sicher sein, dass auch hier der Hausherr eine Tischrede halten wird.

Tipp:

Eine Tischrede sollte immer leicht sein und den Gästen keinesfalls auf den Magen schlagen!

Wann wird eine Tischrede gehalten?

Den richtigen Zeitpunkt für die Tischrede können Sie sich selbst aussuchen. In der Regel findet sie nach dem Hauptgang statt, bei offizielleren Anlässen durchaus auch etwas eher.

Falls Sie kochen lassen, sollten Sie den Zeitpunkt der Rede mit dem Küchenpersonal absprechen.

Warum wird eine Tischrede gehalten?

Damit eine Tischrede nicht aus den üblichen Floskeln besteht, dazu noch zäh und angestrengt für Gäste und Hausherren ausfällt, sollte der Redner selbst Spaß an der Tischrede haben.

Machen Sie sich zunächst den Grund für die Tischrede klar: So unterschiedlich wie der Anlass der Rede – sei dies ein runder Geburtstag, ein bestandenes Examen oder ein geselliger Abend mit Freunden –, so vielfältig kann auch die Rede ausfallen. Und sie wird einzigartig durch den Anlass, die anwesenden Menschen und den Redner.

Tipp :

Flechten Sie eine aktuelle Anmerkung über den Abend oder eine Bemerkung, die erst kurz zuvor von einer anwesenden Person gemacht wurde, mit in die Rede ein.

Wie wird eine Tischrede gehalten?

Eine Tischrede sollte immer speziell auf den Anlass und die anwesenden Personen zugeschnitten sein. Wichtig ist auch hier die Vorbereitung. Vertrauen Sie aber auch Ihrer Spontanität und halten Sie nicht zu sehr an Ihrer Rede fest, wenn Sie merken, dass Sie auch frei reden können.

Handelt es sich um einen Abend mit Freunden, so begrüßen Sie zunächst Ihre Gäste. Wichtig bei dieser Tischrede ist nicht, ausgefeilte Worte zu benutzen, sondern bei den Gästen ein Gefühl der Gemütlichkeit und der Gemeinschaft auszulösen. Man will zusammen speisen und sich gut unterhalten. Während der Begrüßung sprechen Sie auch über den Anlass der Einladung, aber immer in einem herzlichen, ehrlichen Ton. So fühlt sich jeder Gast willkommen.

Erzählt nun der Redner einige Worte über die besondere Freundschaft zu jedem Gast, so fühlt sich die Gemeinschaft noch enger miteinander verbunden. Die Rede legt damit auch den Grundstein für weitere Gespräche am Tisch zwischen Nachbarn und Interessierten. Wollen Sie zudem eine Botschaft in Ihrer Tischrede verkünden, so beziehen Sie diese auf den Anlass des gemeinsamen Treffens, das immer im Mittelpunkt einer Rede stehen sollte.

Reden Sie zu Ehren einer Person, dann stellen Sie diese in den Mittelpunkt. Sprechen Sie den Geehrten direkt an. Wenn Sie anschließend etwas über ihn erzählen, dann suchen Sie sich sympathische und typische Eigenschaften von ihm heraus.

Die Rede soll keine Lobhudelei werden und auch nicht überzogen unglaubwürdig klingen, weshalb es wichtig ist, authentische Eigenschaften des Geehrten in kleinen Geschichten zu beschreiben, die Sie mit ihm erlebt haben und die charakteristisch für ihn oder sie sind. Anekdoten lockern die Rede auf, trockene Aufzählungen von Lebensdaten wirken dagegen ermüdend. Das größte Gemeinschaftsgefühl wecken Sie, indem Sie Geschichten erzählen, die Sie alle gemeinsam mit der zu ehrenden Person erlebt haben.

Greifen Sie auf Originalzitate der Person zurück, dann müssen Sie diese auswendig vortragen und dürfen sie keinesfalls ablesen oder lange darüber nachdenken, um die richtige Formulierung parat zu haben. Damit verbauen Sie sich die beste Pointe.

Sie kennen den Ablauf Ihrer Rede. Lockern Sie die Rede auf, indem Sie die Ereignisse nicht chronologisch ordnen, sondern von einem Ereignis zum nächsten springen. Allerdings haben Sie sich vorher genau überlegt, welche Geschichten anhand eines roten Fadens nacheinander erzählt werden sollen.

Stellen Sie sich so, dass Sie jeder Anwesende gut sehen kann. Halten Sie Blickkontakt, sehen Sie die Personen an, über die Sie reden, aber auch jeden anderen Gast. Plaudern Sie in einem lockeren Ton, erzählen Sie freundlich und lächeln Sie zwischendurch.

Tipp :

Versuchen Sie, Ihre Rede mit humorvollen Einlagen und Pointen zu „würzen", um Ihr Publikum zu unterhalten. Schon Blaise Pascal sagte: „Beredsamkeit ist die Kunst, so von den Dingen zu sprechen, dass jedermann gern zuhört."

Wie wird eine Tischrede geübt?

Vorbereitung ist alles, aber: Lernen Sie außer den Originalzitaten nichts auswendig. Wollen Sie kleine Geschichten über die Person erzählen, dann sprechen Sie diese immer wieder durch und merken Sie sich die Formulierungen, die besonders gut passen. Reden Sie immer und immer wieder laut vor sich hin, so üben Sie das freie Sprechen und den Ablauf der Geschichten und Anekdoten. Üben Sie auch vor dem Spiegel, um beispielsweise Ihre Haltung zu kontrollieren.

Sobald Sie die kleinen Geschichten gut erzählen können, brauchen Sie vielleicht sogar Ihr Manuskript nicht mehr. Doch denken Sie immer daran: Im Mittelpunkt steht die zu ehrende Person mit den sympathischen Eigenschaften, die Sie in der kleinen Geschichte erzählen wollen.

Tipp :
Bereiten Sie sich gründlich auf die Tischrede vor, aber lernen Sie diese nicht komplett auswendig – das wirkt kühl und distanziert!

Tischrede des Hausherrn zum festlichen Abendessen

Botschaft: Herzliches Willkommenheißen
der Gäste

Inhalt:
- ⚑ Begrüßung der Gäste
- ⚑ auf freundschaftliche Beziehungen eingehen
- ⚑ Dank an die Gastgeberin
- ⚑ Toast

Liebe Gäste,

wie freue ich mich – und das habe ich eben auch noch einmal meiner Frau gesagt – wie freue ich mich, dass wir hier heute Abend zusammengekommen sind, um gemeinsam den Freuden des Gaumens und der Unterhaltung zu frönen.

Ein jeder von euch kennt uns nun seit vielen Jahren. Und auch ihr, meine lieben Gäste, seid euch aufgrund unserer fleißigen Zusammenkünfte nicht fremd.

Was verbindet uns? Nun, ich denke, da gäbe es vieles aufzuzählen: Gemeinsame Golfaktivitäten wie mit Marianne und Michael oder tägliches Miteinanderarbeiten wie mit Rudolf, auch die Literaturabende mit Susanne und Friedhelm gehören dazu.

Kurz gesagt: Was uns verbindet, sind gemeinsame Interessen, Ansichten und natürlich Freundschaft.

Heute Abend darf und soll aber zuallererst natürlich die Freude am Speisen im Mittelpunkt stehen. Und ich betone das Wort „Speisen" oder „Dinieren". Wir werden auch heute Abend von einem Gang zum nächsten wandern in einem wundervollen Ambiente, für das ich mich hier herzlich bei meiner Frau bedanken möchte. Nach all diesen Jahren bin ich jedes Mal aufs Neue überrascht, wie sich dieser Raum verwandeln kann. Danke, Elisabeth!

Nun lasst uns weiter wandeln auf dem Pfade der kulinarischen Freuden. Ich erhebe mein Glas auf unser aller Wohl und wünsche euch und allen einen schönen Abend!

Passende Zitate

Das beste Tischgespräch ist das Schweigen schwelgender Gäste.

Chinesisches Sprichwort

Wer nicht genießt, wird ungenießbar.

Konstantin Wecker

Mich deucht, das Größt' bei einem Fest ist, wenn man sich's wohlschmecken lässt.

Johann Wolfgang von Goethe

Der Mensch ist, was er isst.

Ludwig Feuerbach

Und weil der Mensch ein Mensch ist, drum will er was zu essen, bitte sehr!

Bertolt Brecht

Ein Leben ohne Feste ist wie ein langer Weg ohne Einkehr.

Demokrit

Tages Arbeit, abends Gäste! Saure Wochen, frohe Feste!

Johann Wolfgang von Goethe

Die Gegenrede

Falls der Abend zu Ehren einer Person stattfindet, wird sich die Ehrenperson nach der Tischrede zu einer kurzen Erwiderung als Dankeschön erheben. Diese Gegenrede sollte tatsächlich unbedingt kurz gehalten werden und nur aus einigen wenigen Sätzen bestehen.

Damit sie nicht zu förmlich und steif wirkt, entlassen Dankesworte mit Herzlichkeit und Humor die Gesellschaft in einen ungezwungenen Abend.

Lieber Gerhard,
vielen Dank für die herzlichen Worte zu meinem achtzigsten Geburtstag. Sie werden mir lange in Erinnerung bleiben und mein neues hohes Lebensjahr versüßen!

Kinder

Die Taufe

Die Taufe ist in einer jungen Familie das erste große Fest. Wenige Monate nach der Geburt finden sich Verwandte und Freunde ein, um gemeinsam zu feiern. Nach der Taufe in der Kirche begibt sich die Gesellschaft in der Regel in ein Restaurant oder kommt zuhause zusammen.

Eine Taufe ist ein festlicher und freudiger Anlass. Die Reden können also mit einem durchaus ernsten Hintergrund, aber freudig vorgetragen werden.

Zuerst spricht der Vater des Täuflings, dann können die Paten sprechen. Die Reden haben den Charakter von Tischreden und sollten nicht länger als fünf Minuten dauern.

Zunächst begrüßt ein Elternteil die Gäste und vor allem die Paten. Anschließend spricht ein Pate im Namen der anderen Paten und gelobt, sich um das Patenkind zu kümmern.

Was ist das Patenamt?

Zur christlichen Taufe bestimmen die Eltern Taufpaten, die dem Kind in allen Fragen des Lebens beistehen und die christliche Erziehung unterstützen sollen. Pate kann nur werden, wer Mitglied in einer christlichen Kirche ist. Zurück geht dieser Brauch auf die Zeit der Christenverfolgung, wo sich Ersatzeltern um die ihnen anvertrauten Kinder kümmern mussten, wenn diese verwaisten. Das Patenamt, das während der Taufe von der Kirche übertragen wird, endet in der Regel mit der Firmung oder Konfirmation.

Tipp:

Wenn Sie den Namen des Kindes in den Mittelpunkt der Rede stellen wollen, dann nähern Sie sich diesem Thema bitte vorsichtig. Den Namen haben die Eltern mit Sorgfalt ausgesucht. Falsche Deutungen können schnell für Verstimmungen sorgen!

Themen zur Taufe

Eltern:
– Was heißt Patenschaft?
– Funktion der Paten
– Mitverantwortung und Stellvertreter der Eltern
– Kind und Eltern
– Wachstum und Erziehung
– Zukunft des Kindes
– Dankbarkeit

Paten:
– Gelöbnis, Ansprache an das Patenkind
– Hilfe anbieten
– Hoffnungen und Wünsche für das Kind
– Bezug zum Geschenk nehmen
– christliche Erziehung
– Zukunft des Kindes
– den Namen des Kindes deuten

Rede des Vaters eines Täuflings

Botschaft: Danksagung an die Paten
und die Familie

Inhalt:
- Begrüßung
- Rückblick auf die Geburt
- Ansprache an die Paten
- Erklärung des Patenamtes
- Dank an die Paten
- Miteinbeziehung der Familie
- Toast

Tipp:

Wenn Sie Zitate und Gedichte in Ihre Rede einbauen, macht das immer einen guten und professionellen Eindruck. Sie wirken dadurch belesen und kompetent. Vor allem beim Einstieg und Abschluss einer Rede machen sich Zitate und Gedichte meist sehr gut.

Liebe Taufpaten, liebe Verwandte, Freunde und Gäste,

manche Augenblicke im Leben gleichen einem wunderbaren Musikstück, das unser Herz berührt und an das man sich lange erinnert – und dieser Tag gehört sicher dazu. In unserer kleinen Familie habe ich nun schon zum dritten Mal solch einen Tag erlebt. Der erste war der Tag unserer Hochzeit, der zweite der Tag, als ich erfuhr, dass wir bald zu dritt sein werden.

Mit unserer Tochter Leonie sind wir nun eine richtige kleine Familie geworden. Ihre Geburt hat unser Leben verändert. Die Taufe ist nun auch der passende Anlass, dies

gebührend mit allen Freunden und Verwandten zu feiern.

Liebe Susanne, lieber Albrecht, wir freuen uns sehr – und da kann ich beruhigt auch im Namen von Ilona sprechen – dass ihr die Patenschaft angenommen habt und nun als Patenonkel und Patentante unserer Leonie zur Seite stehen werdet. Die Patenschaft ist ein uraltes Amt, das bis in die Anfänge der Christenheit zurückreicht. Damals fungierten die Paten als Ersatzeltern für kleine Waisen, deren Eltern der Christenverfolgung zum Opfer gefallen waren.

Nun, wir hoffen, so weit wird es in unserem Leben nicht kommen. Dennoch möchten wir euch bitten, euch nicht als entfernte Verwandte zu fühlen. Kindererziehung ist gewöhnlich schwer, so heißt es jedenfalls. Und wir als ungeübte Eltern werden sicher so manchen Ratschlag und auch oft schnelle Hilfe benötigen. Wie gut, dass ihr so nah wohnt!

Aber nicht nur auf Paten, auch auf wunderbare Großeltern, Tanten, Onkels, Cousinen und Cousins kann sich unsere Leonie verlassen. Denn solange ich mich erinnern kann, hat in unserer Familie jeder einmal die erste Geige spielen dürfen und immer seine eigene unverwechselbare Klangmelodie in herausragender Position eingebracht. Zwar gab es dann manchmal ein lautes Musizieren und oft auch Getöne und Getöse, aber auch ein Jubilieren und Klingen.

Wie gut, dass Ilonas Familie ein ebensolches Zusammenspiel bevorzugt. Unser Kind hat also beste Aussichten, gehört zu werden. Zudem kann es auf eine große Familie bauen und auf eine starke Gemeinschaft, in die es heute mit der Taufe aufgenommen wurde.

Habt alle Dank für die vielen Geschenke und auch dafür, dass ihr mit uns diesen Tag feiert. Für uns und für Leonie ein wunderbarer Einstieg in die Familienfeiern. Und da es dabei – neben den lauten und leisen Geräuschen – gewöhnlich immer Gutes zu essen und zu trinken gibt, wünsche ich euch allen einen wirklich guten Appetit.

Rede einer Patin zur Taufe

Botschaft: Paten bekennen sich zur Patenschaft und zur Mitverantwortung

Inhalt:
- Begrüßung
- Ansprache an die Eltern
- Gelöbnis an das Kind
- Dank an die Eltern
- Glückwünsche und Toast

Liebe Leonie, liebe jungen Eltern, liebe Gäste,

seit heute bin ich also Patentante und damit offiziell in diese wunderbare Familie aufgenommen. Jürgen sagte es ja eben schon – die Familie steht hier hoch im Kurs. Und das ist ein Glück für dich, Leonie. Ich bin mir sicher, dass deine Mutter und dein Vater alles tun werden, damit es dir gut geht.

In den ersten Jahren werde ich dann auch zur Stelle sein, um deinen Eltern zur Seite zu stehen. Ja, ich wohne in der Nähe und biete mich hier freiwillig als Rettungsanker in der Not, als Babysitter für gewisse Stunden und Hilfe jeglicher Art an. Und in nicht allzu ferner Zukunft kommt dann die wichtigste Aufgabe, die man als Pate hat, auf mich zu. Nämlich die, dir, liebe Leonie, zur Seite zu stehen, wenn es für dich schwierig wird. Oder einfach nur da zu sein in allen Lebenslagen, immer eine offene Tür und ein offenes Herz für dich zu haben.

Vielleicht kommt die eine oder andere Situation in deinem Leben, in der du nicht mit deinen Eltern, aber doch mit einem erwachsenen Menschen sprechen möchtest. Und ich hoffe, dass wir uns bis dahin so ans Herz gewachsen sind, dass du mich dann aufsuchst. Nicht als Ersatz für deine Eltern, sondern als Vertraute auf besonderem Gebiet, als deine Patentante, der du dich jederzeit öffnen kannst und die dir helfen möchte, wo immer sie kann.

Ich habe mich sehr über eure Anfrage gefreut, ob ich Leonies Patentante werden möchte. Die lange Freundschaft, die uns miteinander verbindet, und das Vertrauen, das zwischen uns gewachsen ist, stehen nun auf einem weiteren festen Fundament.

Lasst uns nun alle auf das Wohl von Leonie und ihren Eltern anstoßen.

Wir wünschen der jungen Familie eine glückliche Zukunft!

Passende Zitate und Gedichte zu Geburt und Taufe

Mit einer Kindheit voll Liebe kann man ein halbes Leben hindurch für die kalte Welt haushalten.

Jean Paul

Unser Wunsch: Viel Glück dem (der) Kleinen! Mög' dem Täufling leuchtend-froh stets die helle Sonne scheinen – und den Eltern ebenso!

Verfasser unbekannt

Wir wünschen euch und eurem Kinde an Glück, so viel das Herz nur fasst. Und ein Willkommensangebinde sei Gruß dem neuen Erdengast. Es soll ein fröhlich Kinde werden und euch zur Freude gut gedeihn. Ihm leuchte im Gestrüpp der Erden des Lebens schönster Sonnenschein. Euch Eltern aber sei beschieden, was ihr nur wünscht für euch und sie, im kleinen Heim soll Lust und Frieden bestehen als des Daseins Sinn!

Friedrich Hebbel

Kinderseele

Was eine Kinderseele aus jedem Blick verspricht! So reich ist doch an Hoffnung ein ganzer Frühling nicht.

Hoffmann von Fallersleben

Geboren wird nicht nur das Kind durch die Mutter, sondern auch die Mutter durch das Kind.

Gertrud von Le Fort

Die Kommunion

Die Erstkommunion wird in der katholischen Kirche festlich begangen. Sie ist der symbolische Akt dafür, dass die Mädchen und Jungen in die Gemeinschaft als selbstständige Mitglieder aufgenommen wurden und zum ersten Mal die Eucharistie empfangen.

Die kirchliche Zeremonie wird feierlich und ernst begangen. Auch die anschließende Feier mit Familie und Verwandtschaft ist vom ernsten Gedanken geprägt. Reden sollte deshalb nur, wer mit den religiösen Inhalten vertraut ist. Die Tischrede hält der Vater oder die Mutter. Anschließend kann auch einer der Paten sprechen. Beachten Sie, dass das Kind der Adressat ist und nicht die Eltern.

Die Erstkommunion

An diesem Tag dürfen die Kinder zum ersten Mal das Sakrament der Eucharistie empfangen. Sichtbares Zeichen dafür ist die Kommunionskerze, die an der Osterkerze entzündet wurde. Mädchen tragen ein weißes Kleid, die Jungen einen dunklen Anzug als Bräute und Bräutigame Christi. Nach einem ein- bis zweijährigen Unterricht sind sie so weit, mit der Gemeinde die Kommunion zu feiern. Die Menschen glauben, dass sich bei der Eucharistie durch Anrufung des Heiligen Geistes Brot und Wein in Fleisch und Blut Christi verwandeln, wodurch das Zeremoniell zugleich eine Mahl- und Opferfeier ist.

Themen zur Kommunion bzw. Konfirmation

- Was bedeutet Kommunion/Konfirmation?
- Blick zurück bis zur Taufe
- Blick auf das Heute
- Aufnahme in die christliche Gemeinschaft
- Blick in die Zukunft

Rede der Patin zur Kommunion

Botschaft: Das Ereignis nahebringen

Inhalt:
- Begrüßung des Patenkindes
- Rückblick zur Taufe und Kindheit
- Erklärung der Erstkommunion
- Zitat von Friedrich Morgenroth
- Glückwünsche
- Toast

Liebe Sofia,

dieser Tag ist dein Tag! Er ist ganz besonders in deinem Leben, weil er der Tag deiner Erstkommunion ist. Du hast dich zwei Jahre lang im Unterricht auf heute vorbereitet, viel geprobt und mit den Eltern alles noch einmal besprochen. Und nun ist es so weit.

Aber nicht nur du bist aufgeregt, auch wir sind es. Wir, die wir vor vielen Jahren an deinem Taufbecken standen. Du kannst dich daran sicher nicht mehr erinnern. Es war ein genauso schöner Tag wie heute. Die ganze Familie war zusammengekommen, um dich zu feiern. Ich hielt dich auf meinem Arm und versprach, mich um dich zu kümmern, wann immer deine Eltern mich rufen. Oder du mich rufst.

Wir sahen dich aufwachsen und größer werden. In den letzten Jahren hast du jeden Sommer ein paar Wochen bei mir verbracht und ich muss sagen, du bist mir ans Herz gewachsen.

Heute nun sind wir wieder alle zusammengekommen, um deine Erstkommunion zu begehen. Gemeinsam haben wir die Eucharistie gefeiert und du hast zum ersten Mal das Bußsakrament empfangen. Für mich wird das

in unvergesslicher Erinnerung bleiben – genau wie für dich. Mit dieser Kommunion bist du ein vollwertiges Mitglied unserer Kirchengemeinde geworden. Mit allen Rechten und Pflichten.

Du wirst nun langsam groß und ich muss mich daran gewöhnen, eine junge Dame an meiner Seite zu haben, die sicher auch mit Fragen auf mich zukommen wird, die nicht immer angenehm sind. Und auch dich selbst wirst du in den nächsten Jahren vieles fragen und nicht immer eine Antwort darauf wissen.

Für diesen Fall gebe ich dir ein Gedicht von Friedrich Morgenroth mit auf den Weg:

> „Glaube fest an Gott, den Herrn;
> glaube an sein Walten!
> Niemals ist es unmodern,
> sich an Gott zu halten.
> Sei getrost: An Gottes Hand
> hast du immer festen Stand!"

Ich wünsche dir von ganzem Herzen, dass du immer einen festen Stand im Leben hast.

Nun lasst uns unsere Gläser erheben und auf Sofia anstoßen.

Die Konfirmation

Die Konfirmation wird in der evangelischen Kirche gefeiert. Sie bedeutet für die 13- bis 15-jährigen Konfirmanden die feierliche Aufnahme in die Gemeinschaft der Kirche als eigenständige Mitglieder. Nun dürfen sie am Abendmahl teilnehmen.

Nach der feierlichen Zeremonie in der Kirche wird gemeinsam mit Eltern, Verwandten, Paten und Freunden in einem Restaurant oder zuhause beim gemeinsamen Essen gefeiert.

Hier sprechen die Eltern zum Kind, das konfirmiert wurde, in Form einer Tischrede. Ihnen folgen die Paten, deren Amt offiziell mit der Konfirmation des Patenkindes endet. Die meisten Paten kümmern sich aber weiterhin um das ihnen anvertraute Kind, was sie auch in einer Rede zum Ausdruck bringen können.

Tipp :

Bauen Sie Ihre Rede immer nach demselben Schema auf: zuerst kommt die Einleitung, dann folgen der Hauptteil und der Schluss.

Rede des Paten zur Konfirmation

Botschaft: Das Ereignis nahebringen und darauf hinweisen, dass man weiterhin für das Patenkind da sein wird

Inhalt:
- Begrüßung des Patenkindes
- Rückblick auf die Taufe und Kindheit
- Ausblick auf die Zukunft
- Versprechen, weiterhin für das Patenkind da zu sein
- Glückwünsche und Toast

Lieber Jonathan, liebe Verwandte und Freunde,

heute hast du dich mit deinem Gelöbnis vor dem Altar dazu entschieden, selbstständiges Mitglied in der Kirche zu sein. Wir freuen uns sehr über deine Entscheidung.

Während der Zeremonie sahen wir einen großen, jungen Mann in derselben Kirche stehen, die wir alle gemeinsam vor fast 14 Jahren ebenfalls aufgrund einer Feier betreten hatten. Du kannst dich sicher nicht mehr an deine Taufe erinnern. Aber ich war damals sehr aufgeregt. Als Pate hatte ich die Aufgabe, dich über das Taufbecken zu halten. Und später versuchte ich dich so viel wie möglich auf deinem Lebensweg zu unterstützen. Um die christliche Erziehung brauchte ich mir in eurem Haushalt keine Sorgen zu machen. Und auch sonst nahmst du mich viel zu wenig in Anspruch.

Nun, drei wackere Patentanten standen dir neben mir all die Jahre zur Seite. Wir beobachteten, wie du dich vom Baby zum Kleinkind, dann zum Schulkind und bald darauf zum Gymnasiasten entwickeltest. Und nun bist du als junger Mann, der größer ist als ich, in die Reihen der Erwachsenen

aufgenommen worden. Damit hätte sich eigentlich mein Auftrag als Patenonkel erledigt.

Wenn du aber möchtest, so werde ich weiter für dich da sein. In Zukunft wirst du wohl immer mehr deinen eigenen Weg gehen. Dabei wird es mir auch ein wenig schwer ums Herz, an das du mir so gewachsen bist. Aber ich hoffe, dass du auch immer den Weg in meine Wohnung finden wirst, um mir von den wichtigen Dingen in deinem Leben zu erzählen.

Ich hoffe, du kannst mich eher als deinen Freund sehen, obwohl ich zur Generation deiner Eltern gehöre. Und wenn diese mal Zoff haben sollten mit ihrem Sprössling, so wirst du es vielleicht schätzen, mit jemandem zu reden, der alle Seiten gut versteht und dir auf einem anderen Wege helfen kann als deine gleichaltrigen Freunde.

Ich sehe also meine Patenschaft noch weiter als wichtigen Teil in meinem Leben. Für deine Zukunft wünsche ich dir ebenso weltlich wie geistig anregende Dinge. Erheben wir unsere Gläser zum Wohle von Jonathan und seinem heutigen Tag!

Passende Zitate und Gedichte zur Konfirmation

Gott ist bei uns am Abend und am Morgen und ganz bestimmt an jedem neuen Tag.

Dietrich Bonhoeffer

Zu glauben ist schwer. Nichts zu glauben ist unmöglich.

Victor Hugo

Im Glauben bleibe unverdrossen,
im Leben stehst du nie allein.
Gott hat dich in sein Herz geschlossen.
Schließ du ihn nun in deines ein.

Friedrich Morgenroth

Es gibt immer ein Stück Welt, das man verbessern kann – sich selbst.

Theo Lingen

Mit Gott als Begleiter verirrst du dich nicht,
denn er ist der Streiter für Wahrheit und Licht!
Ihm sollst du vertrauen und seinem Gebot,
auf ihn kannst du bauen in jeglicher Not!

Friedrich Morgenroth

Sei unbetört und unverstört!
Was zu des Lebens Glück gehört,
hat dir ein Gott gegeben.
Und was er dir nicht gab, gehört,
o glaub es mir, nicht zum Leben.
Was du nicht hast, das ist die Last,
die du nicht aufgeladen hast;
Du hast die Lust am Leben.
Sei unverstört und unbetört!
Was zu des Lebens Lust gehört,
das hat dir Gott gegeben.

Friedrich Rückert

Die Jugendweihe

Die Jugendweihe ist eine nicht christliche und freigeistliche Weihehandlung, die bereits vor fast 150 Jahren zum ersten Mal stattfand. Da sie in der DDR sehr populär war, erfreut sich die Jugendweihe vor allem in den fünf östlichen Bundesländern großer Beliebtheit. Während der Feierstunde werden die 14- bis 15-Jährigen formell in die Reihe der Erwachsenen aufgenommen.

Bei der anschließenden Feier können dann die Eltern sprechen. Aber auch Freunde oder Verwandte können eine Tischrede halten.

Die Geschichte der Jugendweihe

Bereits 1859 führte der „Bund freireligiöser Gemeinden" die erste Jugendweihe durch. Im 20. Jahrhundert übernahmen auch andere Verbände und Organisationen das Zeremoniell, das seinen Ursprung in der Aufklärung hat.

Ab 1955 führte die DDR die Jugendweihe als offiziellen Festakt im 8. Schuljahr durch. Nach der Wende und der deutschen Wiedervereinigung erfreut sich die Jugendweihe vor allem in den östlichen Bundesländern wieder größerer Beliebtheit. Die Interessenvereinigung Jugendweihe e. V. führt die Veranstaltung mit Programm und Ansprachen durch.

Rede der Tante an die Nichte zur Jugendweihe

Botschaft: Ritual der Jugendweihe erklären und Glückwünsche

Liebe Maria, liebe Gäste,

heute feiern wir alle gemeinsam die Jugendweihe unserer lieben Maria. Ich fühle mich zurückversetzt in frühere Zeiten, als ich dasselbe Fest feierte.

Zum Glück unterscheidet sich die Jugendweihe heute sehr von dem Zeremoniell, dass wir als 14-Jährige erlebten. Damals war sie ein Akt, bei dem Fahnen geschwenkt und lange Reden gehalten wurden – und bei dem wir uns sehr langweilten.

Sicher waren wir aufgeregt, endlich als erwachsen angesehen zu werden. Und wir freuten uns auf das Fest und die Geschenke, betrachteten uns stolz in unseren neuen Klamotten. Aber die aus Phrasen und Propaganda bestehende offizielle Feierstunde interessierte uns kaum.

Dabei kann die Jugendweihe auf eine fast 150-jährige Geschichte zurückblicken. Freidenker ließen sich damals ein Gegenstück zum christlichen Ritual einfallen, bei dem die Jugendlichen in die Reihe der Erwachsenen aufgenommen wurden. Das Zeremoniell sollte an den freien Willen eines jeden Menschen erinnern. Erst in der DDR verkam der Akt zu einem Gelöbnis für einen Staat. Den ursprünglichen Inhalt kannten wir nicht mehr.

Heute bedeutet die Jugendweihe wieder das, was ihre Erfinder einst bezweckten: Sie gibt den Jugendlichen auf dem Weg in die Welt der Erwachsenen ein feierliches Zeremoniell mit, das sie an die Verantwortung erinnert, nach eigener Überzeugung, aber als Teil einer Gesellschaft bewusst zu leben.

Und genau das wünsche ich dir auch: Dass du nun deinen Weg weiter und stetig gehst und dabei auf deine Wünsche und Überzeugungen hörst, aber auch auf das, was deine Mitmenschen fühlen und wollen. Mit freiem Geist und wachem Verstand!

Ein Prosit auf dich, Maria, und deinen heutigen besonderen Tag. Alles Liebe für die Zukunft!

Ausbildung

Der Schulanfang

Nicht überall wird der Schulanfang groß gefeiert. Dort, wo traditionell die Familie zusammenkommt, um dem so genannten „ABC-Schützen" den Rücken zu stärken, wenden sich die Eltern mit einer kleinen Rede an ihr Kind. Sie wollen ihm Mut machen und in ihm die Begeisterung für die Schule wecken.

Da die Rede das Kind direkt anspricht, sollte sie nicht zu lange dauern. Sie wird in der Regel in Form einer Tischrede während des Essens gehalten.

Themen zur Schuleinführung

- Blick zurück bis zur Geburt
- Heute ist Schuleinführung
- Was die Schule Neues bringt
- Nicht nur pauken, auch neue Freunde kennen lernen
- Blick zurück auf die eigene Schulzeit
- Schule macht Arbeit, aber auch Spaß
- Mut machen
- Gute Wünsche für die Zukunft

Rede des Vaters an den Sohn

Botschaft: Mut machen und Begeisterung
wecken

Inhalt :
- Begrüßung
- Blick zurück auf die eigene Schulzeit
- Blick auf den heutigenTag
- Zitat von Erich Kästner
- Glückwünsche und Toast

Mein lieber Sohn, liebe Gäste,

heute ist ein besonderer Tag: dein erster Schultag! Seit Wochen wird bei uns zuhause von nichts anderem mehr geredet. Je näher der Tag rückte, desto aufgeregter wurdest du. Und obwohl du schon viel weiter als bis zehn zählen kannst, stelltest du in den letzten Tagen jeden Abend die Frage: „Wie oft noch schlafen?" Und wir zählten rückwärts: sieben, sechs, fünf, vier ... und nun endlich ist es so weit.

Wenn Bekannte oder Verwandte in diesem Sommer erfuhren, dass du in die Schule kommst, reagierten manche anders, als du es erwartet hattest. Schule, das heißt für dich neue Welten entdecken. Mit Neugierde, Lust und Freude. Aber andere sagten zu

dir: „Na, warte mal ab." Oder „Nun beginnt der Ernst des Lebens." Du hast sie mit Unverständnis angesehen und nicht verstanden. Zu Recht.

Praktisch jeder blickt gerne auf seine Schulzeit zurück, auch wenn er in dieser Zeit manchmal Dinge lernen musste, die ihn nicht interessierten. Besonders an den ersten Schultag, an die Aufregungen und die Hoffnungen, die mit dem Eintritt in das Schulleben einhergingen, können sich die meisten sehr gut erinnern. Auch ich habe die Bilder so klar vor mir, als ob es gestern gewesen wäre.

Die Schulzeit war eine herrliche Zeit für mich. Viele Klassenkameraden kannte ich aus dem Kindergarten. Ich erinnere mich, dass mir das

Schulgebäude so groß und unübersichtlich vorkam. Und dann stand sie vor uns: meine Lehrerin. Sie gehörte zu den etwas strengeren Lehrern, aber auch zu denen, die besonders gut zuhören konnten. Schon nach kurzer Zeit kannte sie die Schwächen und Stärken eines jeden. Sie sah, wer einen Schubs brauchte, wer mehr tun wollte und wer sich bei etwas besonders unsicher war. Unsere Lehrerin konnte uns alle Unsicherheiten nehmen, sodass wir uns leichtherzig auf die Bücher stürzten und viel lachen durften. Es war eine unbekümmerte Zeit, wenn ich zurückdenke. Traurig waren wir erst nach einigen Jahren, als die gemeinsame Schulzeit zu Ende ging, sich erste Wege trennten und mich an eine andere Schule führten.

Aber das alles liegt noch vor dir, mein Sohn. Du bist gespannt auf deine Schule, hast heute zum ersten Mal deine Lehrerin gesehen, die – wie ich fand – eine ganz nette und wache zu sein scheint. Meiner ehemaligen Lehrerin nicht ganz unähnlich.

Ich wünsche dir eine fröhliche und unbeschwerte Zeit, auf die du einmal lächelnd zurückblicken kannst. Heute beginnt ein neuer Weg für dich, der dich in die Welt der Lese- und Rechenkunst einführen wird und auf dem du viel lernen wirst.

Aber auch noch etwas anderes ist wichtig. Schon Erich Kästner schrieb: „Das Leben besteht nicht nur aus Schularbeiten. Und der Kopf ist nicht der einzige Körperteil. Man muss nämlich auch springen, turnen, tanzen und singen können."

Ich wünsche dir viel Freude in der Schule und neue Freunde, mit denen du springen, turnen und tanzen kannst. Lasst uns unsere Gläser erheben und trinken wir auf meinen Sohn. Alles Liebe für die Zukunft!

Die weitere Ausbildung

Nach dem Schulabschluss, der in manchen Familien groß gefeiert wird, kommt die Lehre, danach vielleicht die Ausbildung zum Meister. Oder es folgt nach dem Abitur, das mit einer Abiturfeier endete, das Studium und das Examen. Auch die Promotion kann mit entsprechender Feierlichkeit im familiären Rahmen begangen werden. Bei diesen Anlässen sprechen während der offiziellen Zeremonie die öffentlichen Vertreter, die Lehrer, Schulleiter oder Rektoren.

Zuhause im Familienkreis kommen dann die Eltern und Großeltern zu Wort und drücken mit ihrer privaten kleinen Rede den Stolz aus, den sie nun empfinden, ebenso die Mühe der vergangenen Jahre und die Wünsche für die berufliche Zukunft.

Themen zur weiteren Ausbildung

- Gratulation
- Den Tag ansprechen
- Blick zurück auf das Schulleben
- Blick auf heute und die Aussichten
- Blick nach vorn in die Zukunft
- Mit Zitaten würzen
- Wünsche für die Zukunft

Passende Zitate zur Bildung

Es gibt nur eins, was auf Dauer teurer ist als Bildung: keine Bildung.

John F. Kennedy

Die beste Bildung findet ein gescheiter Mensch auf Reisen.

Johann Wolfgang von Goethe

Vermöge seiner Bildung sagt der Mensch nicht, was er denkt, sondern was andere gedacht haben und was er gelernt hat.

Arthur Schopenhauer

Meine Bildung besteht zum größten Teil aus Lücken.

Alfred Polgar

Bildung ist etwas Wunderbares. Doch sollte man sich von Zeit zu Zeit daran erinnern, dass wirklich Wissenswertes nicht gelehrt werden kann.

Oscar Wilde

Die heutige Jugend ist von Grund auf verdorben. Sie ist böse, gottlos und faul. Sie wird niemals so sein wie die Jugend vorher, und es wird ihr niemals gelingen, unsere Kultur zu erhalten.

Babylonische Tontafel vor 3000 Jahren

Die Jugend soll ihre eigenen Wege gehen, aber ein paar Wegweiser können nicht schaden.

Pearl S. Buck

Nur durch Bildung wird der Mensch, der es ganz ist, überall menschlich und von Menschheit durchdrungen.

Friedrich von Schlegel

Wer aufhört zu lernen ist alt. Er mag zwanzig oder achtzig sein.

Henry Ford I.

Das Abitur

Rede der Mutter zum Abitur der Tochter

Botschaft: Stolz über das Erreichte und Abschluss des Lebensabschnitts

Inhalt:
- Begrüßung und Gratulation
- Zitat von Heinrich Heine
- Rückblick auf die Schuljahre
- Zielstrebigkeit und Lerneifer
- Ausblick auf die Zeit nach dem Abitur
- Glückwünsche und Toast

Liebe Friederike,

heute war dein letzter Schultag. Du hältst nun dein Abiturzeugnis in den Händen nach 13 langen Jahren intensiven Lernens. Ein wunderbares Zeugnis ist dabei herausgekommen, auf das du mit Recht sehr stolz sein kannst.

Heinrich Heine sagte einmal: „So ein bisschen Bildung ziert den ganzen Menschen."

Dass deine Bildung schon ein wenig mehr umfasst, haben wir in den vergangenen Wochen und Monaten gesehen. Wie oft hast du noch am Abend gesessen und gebüffelt. Vater und ich haben uns schon fast Sorgen gemacht, weil du kurz vor dem schriftlichen Abitur kaum aus dem Zimmer kamst. Die Anforderungen waren hoch, nicht nur am Schluss.

Als du vor neun Jahren zum ersten Mal auf das Gymnasium gingst, veränderte sich dein Leben erst einmal drastisch. Nach den gemütlichen vier Jahren in der Grundschule saßen neue Klassenkameraden neben dir, neue Fächer und Sprachen standen auf dem Stundenplan, Vokabeln waren zu pauken, Geschichte, Mathe und Religion zu lernen, viele Arbeiten zu schreiben – und die Ferien waren auch viel zu kurz. Im ersten Jahr sackten die Noten ab, doch bald hattest du dich wieder gefangen und wurdest besser von Jahr zu Jahr.

Neben dem Lernen und Büffeln blickst du heute auch auf eine schöne Schulzeit zurück, auf fröhliche Stunden mit Freundinnen, auf heitere Augenblicke im Klassenzimmer und Erlebnisse, die dich fest mit deinen Schulkameraden verschweißen. Vielleicht halten manche Freundschaften ein Leben lang.

Nun gehst du mit deinem Zeugnis „hinaus in die Welt". Du wohnst ab nächsten Monat in Berlin und nicht mehr zuhause. Du wirst studieren, neue Menschen kennen lernen und ein neues, ganz anderes Leben führen. Ich weiß, dass du auch im Studium eine Zielstrebigkeit zeigen wirst, die ich in den letzten Schuljahren an dir sehr bewundert habe.

Meine liebe Tochter, genieße neben dem Studium deine Jugend, deine Liebe zur Musik und zum Theater und das Beisammensein mit Freundinnen und Freunden – und immer wieder mit deiner Familie.

Ich lasse dich mit einem lachenden und einem weinenden Auge ziehen und gebe dir auf deinem Weg in die Ferne ein Zitat von Goethe mit: „Die beste Bildung findet ein gescheiter Mensch auf Reisen."

Reise, mein liebes Kind, in die Welt hinaus. Ein Prosit auf dich und deine Zukunft!

Tipp:

Bauen Sie in eine Rede nicht zu komplizierte oder verschachtelte Satzkonstruktionen ein. Verwenden Sie, wenn möglich, vor allem Hauptsätze. Nebensätze sind meist unnötiger Ballast, dem der Zuhörer gar nicht mehr folgen kann. Am besten orientieren Sie die Sprache Ihrer Rede daran, wie Sie bei einem lockeren Gespräch mit Freunden sprechen würden.

Rede des Großvaters
zum Abitur des Enkels

Botschaft: Rückblick auf die Schulzeit
und Ausblick auf die Zukunft

Inhalt:
- Begrüßung und Glückwunsch
- Was bedeutet Reife?
- Rückblick auf die Kindheit und Jugend
- Vorschau auf das Studium
- Zitat von Henry Ford I.
- Glückwünsche und Toast

Lieber Justus, liebe Gäste,

in den letzten Tagen hast du viele Reden gehört – zu Recht –, denn der Anlass ist ein bedeutender: Dein Abitur oder, wie es früher hieß, deine Reifeprüfung ist geschafft. Meinen herzlichen Glückwunsch, Justus!

In diesen aufregenden Tagen habe ich mich gefragt, was eigentlich reif sein bedeutet. Und was die Menschen darunter verstehen. Ich habe mich auch gefragt, ob ich reif bin. Und wenn ja: Wann begann die Reife? Wir Nachkriegskinder waren recht zeitig reif für den Alltag und mussten schnell unser Kindsein ablegen, um zu überleben. Aber ist dies Reife? Oder war es nur Not und die einzige Möglichkeit, den schweren Alltag zu schaffen? Von meiner Kindheit habe ich dir schon oft erzählt und will dich hier nicht langweilen.

Interessanter ist tatsächlich die Frage: Wann ist der Mensch reif? Und wofür?

Reif für das Leben warst du, Justus, auf jeden Fall ab dem Zeitpunkt deiner Geburt. Du tratest lauthals ins Leben und nahmst dir deinen Platz in der Familie, der dir zusteht. Seitdem ich mich erinnern kann, hast du auch immer mitten im Leben gestanden, als kleiner Bub im Kindergarten, als Schuljunge und erst recht jetzt als Abiturient. Du kämpftest hart für diesen Abschluss, für deine guten Noten im Zeugnis und für den besonderen Studienplatz in der Stadt deiner Träume. Es war auch bei dir wahrlich kein Zuckerschlecken. Jahrelanges Büffeln mit einem Ziel vor Augen hat dich schließlich hierhin gebracht. Und wird dich nun weiterbringen.

Dort, in der anderen Stadt, wirst du neue Dinge lernen, die dich reifer machen. Neue Dinge über das Leben, über die Welt und die Menschen. Die Entscheidung dafür, das elterliche Heim zu verlassen und selbstständig zu leben und zu studieren, zeugt auf jeden Fall von Reife. Du wirst nun nicht nur freier wohnen und lernen, sondern auch selbst für dich sorgen. Und du wirst in ein Leben eintauchen, das so vollkommen anders als die Welt zuhause ist.

Es wird spannend und anstrengend. Aber so muss es auch sein. Besonders das immer Neue im Leben macht es ja so interessant. Am Leben reifen wir also. Und lernen jeden Tag hinzu. Viel zu lernen wirst du auf jeden Fall haben. Das Studium wird dich fordern, der Alltag auch. Aber schon Henry Ford I. wusste: „Wer aufhört zu lernen, ist alt. Er mag zwanzig oder achtzig sein."

Erheben wir nun unser Glas auf unseren Abiturienten und wünschen ihm ein spannendes, lehrreiches und freudiges Leben!

Die Gesellenprüfung

**Rede des Vaters
zum Berufsabschluss**

Botschaft: Stolz, Gratulation und Rückblick

Inhalt:
- Begrüßung und Glückwunsch
- Kurzer Rückblick auf die Lehrzeit
- Ausblick auf die Zukunft
- Gratulation und Toast

Lieber Georg,

wir sind hier in unserem Familienkreis zusammengekommen, um deinen Abschluss zu feiern. Dein Gesellenbrief liegt nun vor dir – du hast es geschafft. Herzlichen Glückwunsch!

Dass die Lehrjahre keine Herrenjahre sind, darüber hat mich schon mein Großvater aufgeklärt. Und lang und breit darüber gesprochen. Doch dir brauchte ich das nicht zu erklären.

Schon in der Schulzeit wusstest du genau, was du werden wolltest. Du hast dich informiert und ohne mein Wissen zum Praktikum angemeldet – was mich sehr stolz gemacht hat.

Deine Zielstrebigkeit hat mir immer imponiert, mein Sohn, das muss ich dir hier in aller Öffentlichkeit sagen.

Lange Schuljahre und eine anstrengende Berufsschule liegen hinter dir. Du hast dich auf den Hosenboden gesetzt und gelernt. Du hast dich mit deinen Kollegen verstanden und mit ihnen gemeinsam Aufgaben gelöst. Harte Jahre liegen hinter dir, aber es hat sich gelohnt. Deine Gesellenprüfung hast du mit Auszeichnung abgeschlossen und wir alle sind schon wieder furchtbar stolz auf dich.

Jetzt stehen dir alle Wege offen. Zielstrebig und überlegt, wie du immer handelst, wirst du sicher bald in dem Beruf arbeiten, von dem du immer geträumt hast. Wir sind sehr gespannt, wo dich dein Weg hinführen wird.

Wir gratulieren dir auf das Herzlichste und wünschen dir das Allerbeste für deine Zukunft. Auf dich, mein lieber Georg!

Auszug aus „Lebensstufen"

... Es muss das Herz bei jedem Lebensrufe
bereit zum Abschied sein und Neubeginne,
um sich in Tapferkeit und ohne Trauern
in andre, neue Bindungen zu geben.
Und jedem Anfang wohnt ein Zauber inne,
der uns beschützt und der uns hilft, zu leben.

Wir wollen heiter Raum um Raum durchschreiten,
an keinem wie an einer Heimat hängen,
der Weltgeist will nicht fesseln uns und engen,
er will uns Stuf' um Stufe heben, weiten.

Kaum sind wir heimisch einem Lebenskreise
und traulich eingewohnt, so droht Erschlaffen,
nur wer bereit zu Aufbruch ist und Reise,
mag lähmender Gewöhnung sich entraffen.

Es wird vielleicht auch noch die Todesstunde
uns neuen Räumen jung entgegensenden,
des Lebens Ruf an uns wird niemals enden ...
Wohlan denn, Herz, nimm Abschied und gesunde!

Hermann Hesse

Diplomarbeit/Examen

**Rede des Großvaters
zum Examen der Enkelin**

Botschaft: Lebensabschnitt feierlich
ausklingen lassen

Inhalt:
- Begrüßung und Gratulation
- Rückblick auf die Schulzeit
  und das Studium
- Zitat von Friedrich Nietzsche
- Ausblick auf die Arbeit als Lehrerin
- Wünsche für die Zukunft
- Toast

Liebe Irina,

endlich ist es so weit. Nach vielen Semestern des Büffelns und Zitterns, nach Praktika, Klausuren, Prüfungen, Hausarbeiten, einer Diplomarbeit, in die du nicht nur Zeit und Mühe, sondern auch Herzblut stecktest, sind nun auch die letzten Examina bestanden: Herzlichen Glückwunsch!

Was für ein Tag! Damals an deinem ersten Schultag, als dich deine Lehrerin begrüßte, hätten wir es wohl niemals gedacht, dass auch du einmal vor Kindern stehen und sie – wohl eher sinnbildlich – an die Hand nehmen wirst, um sie zu lehren.

Aber wie schon Friedrich Nietzsche sagte: „Man belohnt seinen Lehrer schlecht, wenn man immer sein Schüler bleibt." Deine Lehrer müssen jetzt sehr stolz auf dich sein. Du wirst nun deinen ersten Jahrgang an einer Schule als Lehrerin betreuen und vermutlich – da bin ich mir ganz sicher – bist du auf dem einen oder anderen Gebiet weitaus besser als mancher deiner vergangenen Lehrer.

Die Jahre bis zum Abitur waren anstrengend, aber erst die Jahre nach dem Abitur während des Studiums haben dich so richtig gefordert, hast du einmal zu mir gesagt. Und ich habe es bemerkt, wenn ich bei euch anrief, dann lerntest du zurückgezogen und eifrig in deinem Zimmer.

Vor deiner ersten Stunde, die du halten solltest, warst du sehr aufgeregt und hast dir Sorgen gemacht, ob du auch alles kannst. Deine Eltern und ich wussten es aber immer: Du wirst eine wunderbare Lehrerin sein! Nun kann sich eine Klasse auf dich freuen. Du kommst mit viel Enthusiasmus, neuen Ideen und auch schon etwas Erfahrung zu ihnen. Sie werden davon profitieren ebenso wie von dir als Mensch.

Heute erheben wir das Glas auf dich und gratulieren dir zu deinem Abschluss und Diplom. Für die Zukunft wünschen wir dir, dass du immer Spaß und Neugierde an der Arbeit hast und dich verwirklichen kannst.

Ein Prosit auf meine Enkeltochter!

Verliebt, verlobt, verheiratet ...

Die Verlobung

Die Hochzeit steht heute wie früher hoch im Kurs. Die meisten jungen Menschen träumen auch heute davon, zu heiraten und eine Familie zu gründen.

Die Verlobung war lange Zeit ein üblicher und in zeremonieller Form geschlossener Akt. Im Voraus hatten die Beteiligten Besitz- und Erbschaftsverhältnisse, Mitgift und Aussteuer geklärt und einen Verlobungsvertrag geschlossen. Noch im zwanzigsten Jahrhundert war die Verlobung vor der Hochzeit ein üblicher Akt, der gefeiert wurde. Und auch heute noch ist sie in manchen Familien ein Anlass zum Feiern.

Die Verlobung

In früheren Zeiten ging der Vermählung die Verlobung voraus, die vertraglichen Charakter hatte. Das dadurch geschaffene Rechtsverhältnis war der „Brautstand", der jedoch keine einklagbare oder vollstreckbare Verpflichtung zur Ehe war.

Während der Verlobung schenkten sich die Brautleute das Brautgeschenk, die so genannte „Treue", als Schmuck oder Goldstück, das auch nach heutigem Gesetz zurückgefordert werden kann, falls die Verbindung vor der Hochzeit scheitert.

Der Bräutigam spricht zur Verlobung

Botschaft: Bekenntnis der Brautleute zueinander

Inhalt:
- Begrüßung
- Kennenlernen und erste Zeit des Paares
- Vorfreude auf die Hochzeit
- Toast

**Liebe zukünftige Schwieger-
eltern, liebe Eltern, liebe
Verwandte und Freunde,**

sicher löste die Einladung zu unserer
Verlobung manch ungläubige Ver-
wunderung aus. „Was, die wollen
richtig feiern?", habt ihr euch vielleicht gefragt. Denn Verlobungen
sind heutzutage aus der Mode
gekommen.

Lernen sich zwei Menschen kennen,
dann überlegen sie es sich sogar, ob
sie überhaupt heiraten sollen. Die
Vorteile einer Ehe sind – außer noch
steuerrechtlich gesehen – eher gering.

Als Susanne und ich uns vor zweiein-
halb Jahren kennen lernten, trafen

sich ebenfalls zwei Skeptiker. Wir
kamen aus mehr oder weniger langen, aber auf jeden Fall nicht sehr
erfolgreichen Beziehungen, sahen das
Elend im Freundeskreis und dachten:
Die große Liebe gibt es sowieso nicht.

Ja, und dann trafen wir uns. Wir
unterhielten uns lange, beschnupper-
ten uns, beobachteten uns und dachten: Gar nicht mal so schlecht! Schon
nach kurzer Zeit war jede Skepsis
verflogen und uns war klar: Wir
gehören zusammen. Mit dem Kennenlernen wuchs auch die Liebe von
Tag zu Tag mehr. Wir verloren neben
der Skepsis auch die Ängste, uns ein
Leben lang fest zu binden.

Aus dieser Erkenntnis heraus wollen wir heute mit euch unsere Liebe bekunden und euch zeigen, dass wir auch vor der Ehe schon gegenseitig Verantwortung übernehmen möchten.

Zugegeben, zweimal Geschenke zu erhalten, kann auch ein trefflicher Grund sein. Aber nicht für uns, weshalb wir uns freuen, dass ihr alle so gekommen seid, wie wir euch baten: ohne Geschenke, aber mit vielen guten Wünschen. Die können wir nämlich wirklich gut brauchen. So schön wie eine Verlobungszeit auch sein kann, so werden doch auch die ersten Probleme auftreten. Aber ich bin mir sicher, dass wir mit unserem gegenseitigen Respekt und Verständnis alles so lösen können, wie es sich für ein Brautpaar gehört. Heute in einem Jahr ist es dann so weit: Dann werden wir wieder zusammenkommen und in größerer Runde unsere Hochzeit feiern.

Darauf stoßen wir jetzt an und feiern schon einmal kräftig. Lasst es euch schmecken und habt viel Spaß in den kommenden Stunden!

Rede der zukünftigen Schwiegermutter zur Verlobung

Botschaft: Glückwunsch und Freue über die Verlobung. Ich bin für euch da.

Inhalt:
- Begrüßung
- Bedeutung als Schwiegermutter
- Mongolisches Sprichwort
- Toast

Liebe Kinder,

heute ist ein besonderer Tag in eurem Leben: Ihr habt euch verlobt und damit entschlossen, mit eurer Heirat im nächsten Jahr eine Schwiegermutter zu bekommen. Wisst ihr, was das bedeutet?

Ja, ich weiß ganz genau, dass ihr euch sicher seid und die gängigen Klischees euch auch nicht abhalten werden, gemeinsam durch das Leben zu gehen. Obwohl Schwiegermütter einen durchaus schwierigen Ruf haben und manches davon – das muss ich zugeben – wahr ist. Es heißt, sie mischen sich überall ein, kommen immer im unpassenden Moment und die Schwiegertochter kann nichts recht machen.

Als du, Markus, mir Melanie vor mehr als einem Jahr vorstelltest, war mir sofort klar, dass dir ein Glücksgriff gelungen ist. Melanie sehe ich als eine kluge, freundliche und zum Glück auch energische Frau, die sich gegen meinen Sohn gut behaupten kann. Melanie ist eine Tochter, wie sie sich jede Mutter nur wünschen kann. Markus ist glücklich und ich somit auch. Dass du, Melanie, einen gehörigen Teil dazu beiträgst, dafür danke ich dir jetzt schon einmal.

Euer Verlobungsjahr beginnt nun und sicher wird es hier und da mal knirschen – aber lasst euch gesagt sein, das ist ganz normal. Ihr lernt euch nun noch besser kennen und schätzen. Und wenn ihr eine wunderbare, gefestigte Partnerschaft führt, dann ist es sicher kein Problem, wenn die Schwiegermutter wieder einmal unangemeldet hereinschneit.

Dass dies in den letzten Wochen mehrmals passierte, liegt einfach daran, dass ihr euch ein solch gemütliches Heim eingerichtet habt, das ich so gern genieße. Und das ist vor allem Melanies Verdienst. Schließlich kenne ich ja meinen Sohn. Dieses wohlige Zuhause erinnert mich jedes Mal an ein Sprichwort aus der Mongolei: „Eine gute Schwiegertochter ist der Sonne gleich, die zur Tür hereinlacht." Und gerade deshalb freue ich mich für euch und auch für mich so sehr, dass ihr beide euch trauen wollt

und Melanie dann offiziell meine Schwiegertochter wird. Und damit sich die vorhin zitierten Klischees nicht als richtig erweisen, verspreche ich jetzt, diese einfach nicht zu erfüllen. Da ich bei euch den köstlichsten Kaffee bekomme, den ich kenne, möchte ich dies auf keinen Fall aufs Spiel setzen.

Liebe Kinder, sagt mir einfach Bescheid, wenn ihr Hilfe braucht oder eben keine.

Ich freue mich für euer Glück. Trinken wir jetzt auf eine schöne und romantische Verlobungszeit!

Tipp:
Ermüden Sie Ihr Publikum nicht mit endlos langen Reden. Die 5-Minuten-Grenze sollten Sie, wenn möglich, nicht überschreiten.

Passende Zitate zur Verlobung

Liebe ist stets der Anfang des Wissens,
so wie Feuer der Anfang des Lichts ist.

Thomas Carlyle

Lieben bedeutet, zu einem Menschen zu
halten. Liebe ist Anerkennung.

Alexander S. Neill

Liebe ist kein Solo. Liebe ist ein Duett.
Schwindet sie bei einem, verstummt
das Lied.

Adalbert von Chamisso

Liebe ist die gemeinsame Freude an der
wechselseitigen Unvollkommenheit.

Hans Kudszus

Alter schützt vor Liebe nicht, aber Liebe
vor dem Altern.

Coco Chanel

Liebe ist der Entschluss, das Ganze eines
Menschen zu bejahen, die Einzelheiten
mögen sein, wie sie wollen.

Otto Flake

Die Liebe ist so unproblematisch wie ein
Fahrzeug. Problematisch sind nur die Lenker,
die Fahrgäste und die Straße.

Franz Kafka

Die Hochzeit

Im Mittelpunkt einer Hochzeitsrede steht das Gefühl – schließlich haben sich zwei Menschen in Liebe zusammengefunden, um fortan gemeinsam und öffentlich durchs Leben zu gehen. Trotzdem erwarten die Gäste zur Hochzeit keinesfalls eine allzu gefühlsbetonte Rede, sondern eine Ansprache, die geistreich und emotional von wahren Begebenheiten der beiden Menschen erzählt, die sich zur Ehe entschlossen haben. Sie suchen das Glück und schauen nach vorn, blicken aber auch auf eine (kurze) gemeinsame Geschichte zurück, auf erste Augenblicke des Kennenlernens und auf Hindernisse oder schwierige bereits gemeisterte Zeiten.

Tipp :
Wer eine Rede halten möchte, erhebt sich und klopft möglichst nicht an sein Glas. Das Glas wird erst zum Toast in die Hand genommen.

Neben fröhlichen Worten können Sie durchaus auch nachdenkliche Töne in der Rede anschlagen, aber niemals Kritik am Brautpaar oder Zweifel über dessen gemeinsame Zukunft. Der Anlass ist ein ernsthafter und fröhlicher zugleich, der Augenblick ist von Gefühlen angereichert, die Sie in einer Rede aufnehmen und zu einem Höhepunkt des Abends gestalten können.

Wer eine Rede halten möchte, sollte sie mit dem Hochzeitsmanager abstimmen – sowohl bezüglich des Inhalts als auch bezüglich des Zeitpunkts. Traditionell wird zwischen den einzelnen Gängen des Hochzeitsessens gesprochen. Die erste Rede findet in der Regel nach der Vorspeise oder dem ersten Hauptgang statt. Meistens beginnt der **Brautvater** (oder die Brautmutter). Er heißt den Schwiegersohn sowie dessen Eltern und Geschwister im Kreise der Brautfamilie willkommen.

Sakrament oder Segenshandlung

In der frühen Kirche gab es noch keine verpflichtende Zeremonie. Die Eheschließung musste dem Bischof gemeldet werden, um Hindernisse einer Verbindung auszuschließen. Im Mittelalter bildete sich die Lehre vom Ehesakrament heraus, das bis heute nur Priester spenden können. Eine katholische Ehe darf nicht geschieden werden.

In der evangelischen Kirche ist die Eheschließung eine Segenshandlung und kein Sakrament. Die protestantischen Kirchen begründen dies damit, dass sich das Ehesakrament erst im Mittelalter herausbildete und seinen Ursprung nicht in der Bibel hat. Seit 1875 ist die Zivilehe in Deutschland Pflicht. Damit ist es untersagt, die kirchliche vor der zivilen Trauung zu vollziehen.

Gleichzeitig „verabschiedet" er seine Tochter mit einigen Erinnerungen an gemeinsame Erlebnisse und wünscht dem Brautpaar für das Eheleben alles Gute. Ihm folgen der **Vater** (oder die Mutter) **des Bräutigams** nach dem zweiten Gang. Dieser begrüßt wiederum die Braut in seiner Familie. Auch er erzählt von Erlebnissen oder kleinen Anekdoten des Sohnes und wünscht am Ende alles Gute.

Anschließend sprechen der **Trauzeuge** und **enge Freunde**, schließlich die Brautleute, meistens der **Bräutigam** selbst mit kurzen Dankesworten. Fassen Sie sich kurz und sprechen Sie maximal fünf Minuten. Halten Sie die Rede möglichst frei oder nehmen Sie nur einen Stichwortzettel zur Hand. Gereimte Rede können Sie natürlich ablesen. Originalzitate müssen Sie auswendig können. Wenn es Ihnen mehr Sicherheit gibt, dann lesen Sie die ausformulierte Rede von Ihrem Manuskript ab. Verlieren Sie dabei aber nicht den Blickkontakt zum Publikum.

Das Aufgebot

Seit Karl dem Großen (um 800) mussten während dreier Gottesdienste oder ein bis zwei Wochen vor der Hochzeit die Namen der Brautleute öffentlich bekannt gemacht werden. Dies sollte sicherstellen, dass undurchsichtige Verwandtschaftsverhältnisse ans Licht kamen. Außereheliche Geburten und daraus folgende inzestuöse Verbindungen, die aus Unwissenheit geschlossen wurden und behinderte Kinder hervorbrachten, kamen recht häufig vor.

Luther legte in seinem Traubüchlein von 1529 eine öffentliche Ankündigung für die Eheschließung fest. Erst heute, im Computerzeitalter, muss kein Aufgebot mehr bestellt werden.

Trinkspruch auf das Brautpaar

Ihr seid nun eins, ihr beide,
und wir sind mit euch eins.
Trinkt auf der Freude Dauer
ein Glas des guten Weins!

Und bleibt zu allen Zeiten
einander zugekehrt,
durch Streit und Zwietracht werde
nie euer Bund gestört.

Johann Wolfgang von Goethe

Rede des Brautvaters

Botschaft: Freude und Glückwünsche
für die Zukunft

Inhalt:
- Begrüßung
- Rückblick auf Kindheit und Jugend der Tochter
- Begrüßung und Willkommenheißen des Schwiegersohnes
- Glückwünsche und Ratschläge für die Zukunft
- Toast

**Liebe Sabine, lieber Matthias,
liebe Hochzeitsgäste,**

eine Rede zu halten ist nicht immer leicht. Ganz besonders nicht für einen Vater am Hochzeitstag seiner geliebten Tochter. Sie hat das Haus verlassen, sitzt nun an der Seite ihres Mannes, der fortan über sie wacht und das tun wird, was ich bis vor Kurzem noch als meine Aufgabe ansah.

Und doch, es ist mir auf eine gewisse Art leicht ums Herz, und das möchte ich euch erklären: Wenn ich mein Kind schon in die weite Welt ziehen lasse, dann am liebsten an Matthias' Seite.

Ich blicke zurück und sehe dich, Sabine, als das kleine Mädchen, das sich an meinen Hals schmiegt. Wenig später stand eine junge Dame vor mir, die neugierig ins Leben schaute. Ihr Lachen und ihre Unbeschwertheit zogen bald die jungen Burschen an. Das überraschte mich gar nicht, hatte ich mich doch jahrelang auf diesen Augenblick vorbereitet.

Und schließlich war es dann so weit: Ich spielte nun nicht mehr diese herausragende Rolle in ihrem Leben. Ein anderer ist gekommen, und der bist du, lieber Matthias. Sehe ich euch an, dann wird mir wohl ums Herz.

Denn dieses Gefühl in euren Augen und Herzen, die Gesten und Worte zeigen mir, dass es Liebe ist, die uns heute hier an dieser großen Tafel zusammenführte.

Was kann ich euch noch mit auf den Weg geben? Geht sorgsam miteinander um, so sorgsam wie in den ersten Stunden, so aufmerksam wie im ersten Jahr, das nun folgen wird. Erinnert euch daran. Denn eine Ehe zu führen, ist nicht immer leicht, und vor allem: dabei glücklich zu sein. Seht euch in die Augen und denkt an diese Zeit. Sicher werdet ihr euch verändern. In den kommenden Jahren gilt es, neue Wege zu beschreiten. Versucht dabei stets, ein gemeinsames Ziel im Auge zu behalten. Und achtet darauf, dass sich eure Bahnen nicht allzu weit voneinander entfernen.

Ich glaube ganz fest, dass ihr euch immer genau betrachten werdet.

Liebe Sabine, lieber Matthias, ich stoße mit euch in großer Freude an und wünsche euch eine glückliche gemeinsame Zukunft!

Rede des Vaters des Bräutigams

Botschaft: Glückwünsche zur Hochzeit

Inhalt:
- Begrüßung und Ausdruck der Freude
- Zitat von Marie von Ebner-Eschenbach
- Bedeutung der Ehe
- Willkommenheißen der Schwiegertochter
- Zitat von Sören Kierkegaard
- Wünsche für die Zukunft und Toast

Liebe Maria, lieber Harald, sehr verehrte Gäste,

aus ganzem Herzen freue ich mich, dass wir heute das Hochzeitsfest von Maria und Harald gemeinsam feiern.

Marie von Ebner-Eschenbach sagte einmal: „Soweit die Erde Himmel sein kann, soweit ist sie es in einer glücklichen Ehe."

In einer glücklichen Ehe verdoppelt sich das Glück und teilt sich das Leid. Eine dauerhafte, verlässliche Partnerschaft ist tatsächlich das Beste, was einem im Leben passieren kann. Und wir freuen uns sehr, dass ihr beide euch gefunden habt. Wir sind glücklich, dass Maria jetzt als Tochter in unsere Familie kommt und unser Leben reicher machen wird.

Meine lieben Kinder, auf eure Reise in die Ehe nehmt bitte noch diese Worte von Sören Kierkegaard mit: „Die Ehe ist und bleibt die wichtigste Entdeckungsreise, die der Mensch unternehmen kann."

Wir wünschen euch viele schöne Entdeckungsreisen, Beständigkeit für eure Liebe und Zuneigung und erheben das Glas auf euer Wohl!

Ein Toast auf die Braut

Ein Toast auf die Braut!
Der holden Braut zu Ehren
ein volles Glas zu leeren,
wird niemand mir verwehren!
Auch stimmen alle froh wohl ein:
Dass sie als Frau mög' glücklich sein!

Aus dem 19. Jhd.

Die Begriffe „Gatte" und „Gattin"

Ehemann und Ehefrau wurden einst beide als „Gatte" bezeichnet! „Gattin" ist eine jüngere Form, und der Plural „die Gatten" meint heute noch Mann und Frau zusammen. Im Mittelhochdeutschen hatte „gaten" die Bedeutung „genau zusammenpassen", „sich ineinanderfügen" und „vereinigen", und zwar durchaus im wörtlichen Sinne. Das Wort „gat" meinte nämlich eine Öffnung, ein Loch oder eine Höhle, ähnlich dem englischen „gate", das wie unser Tor sowohl die Öffnung als auch deren Verschluss bezeichnet.

Der Begriff „Gemahl"

Gemahl galt einst ebenfalls für beide Geschlechter. „Mahal" hieß der Versammlungsort, wo verhandelt und auch vermählt wurde.

Rede des Bruders an die Braut

Botschaft: Launige Glückwünsche

Inhalt:
- Begrüßung
- Vergleich des Ehestandes in vielen Zitaten
- Glückwünsche und Toast

**Meine liebe Schwester,
lieber Schwager,**

endlich habt ihr euch getraut – wie schön. Die Urkunden sind unterschrieben, der Ehestand ist besiegelt. Bis es so weit kam, ist einige Zeit vergangen. Vor fünf Jahren lerntet ihr euch kennen, seit drei Jahren wohnt ihr zusammen – und heute nun wurde die Ehe geschlossen.

Lieber Schwager, dir ist nun sicher klar, warum es heißt: „Eine Frau, die einen Ehemann sieht, ist das gewissenloseste aller Raubtiere!"

Aber lass dich trösten von einem Gatten wie mir, der seine Ehe seit mehr als sechs Jahren genießt. Ich kann John Ruskin nur zustimmen, der meinte: „Ich glaube, dass kein Mann jemals ein rechtes Leben gelebt hat, der nicht durch die Liebe einer Frau gebessert, durch ihren Mut gestärkt und durch die Weisheit ihres Herzens geführt worden ist."

Und auch dir, liebe Schwester, möchte ich ein paar Weisheiten ans Herz legen. Natürlich nicht von mir. Die Worte kommen von Wolfgang Amadeus Mozart, der seiner Schwester Nannerl zur Hochzeit einige Zeilen reimte. Zwar weißt du über vieles längst Bescheid. Damit richtig umzugehen, ist jedoch eine Kunst für sich.

Mozart meinte nämlich:

„Du wirst im Eh'stand viel erfahren,
was dir ein halbes Rätsel war,
bald wirst du aus Erfahrung wissen,
wie Eva einst hat handeln müssen,
dass sie hernach den Kain gebar.

Doch, Schwester, diese Eh'standspflichten
wirst du von Herzen gern verrichten,
denn glaube mir, sie sind nicht schwer.
Doch jede Sache hat zwo Seiten:
Der Eh'stand bringt zwar viele Freuden,
allein auch Kummer bringet er.

Drum, wenn dein Mann dir finstre Mienen,
die du nicht glaubest zu verdienen,
in seiner üblen Laune macht,
so denke, das ist Männergrille,
und sag: Herr, es gescheh' dein Wille
bei Tag – und meiner in der Nacht!"

Liebe Schwester, lieber Schwager, ich glaube, dass ihr euren Ehestand gut einrichten werdet. Und sollte doch einmal Ärger aufziehen oder ein großer Krach, so denkt an Goethes Worte: „Im Ehestand muss man sich sogar hin und wieder streiten ... sonst erfährt man ja nichts voneinander."

Viel voneinander erfahren habt ihr in den letzten Jahren und euch heute entschieden, die kommende Zeit miteinander als Eheleute zu teilen. Die

Liebe steht euch ins Gesicht geschrieben und wir freuen uns mit euch. Hölderlin fand die schönen Worte: „Wo liebend sich zwei Herzen einen, nur eins zu sein in Freud und Leid, da muss des Himmels Sonne scheinen und heiter lächeln jede Zeit."

Lasst uns nun anstoßen auf diesen besonderen Tag.

Hoch lebe das Brautpaar!

Passende Zitate und Gedichte zur Hochzeit

Tot ist der Mensch, dem der Genuss der Liebe nicht das Herz beseelt; ein Leben, dem die Liebe fehlt, gereicht der Welt nur zum Verdruss.

Bernart de Ventadorn

Soweit die Erde Himmel sein kann, soweit ist sie es in einer glücklichen Ehe.

Marie von Ebner-Eschenbach

Sage der Zeit, o Herr, sie möge mir diese Liebe nicht aus dem Herzen reißen, denn das hieße, mir das Leben entreißen.

Ramón de Campoamor y Campoosorio

O Bräutigam, welch eine Braut wird deinem Arm zur Beute! Bei meiner Leier schwör ich's laut: Die Krone schöner Bräute!

Gottfried August Bürger

O glücklich, wer ein Herz gefunden, das nur Liebe denkt und sinnt. Und mit der Liebe treu verbunden sein schönstes Leben erst beginnt!

Wo liebend sich zwei Herzen einen, nur eins zu sein in Freud und Leid, da muss des Himmels Sonne scheinen und heiter lächeln jede Zeit.

Die Liebe, nur die Lieb' ist Leben: Kannst du dein Herz der Liebe weihn, so hat dir Gott genug gegeben. Heil dir! Die ganze Welt ist dein.

Hoffmann von Fallersleben

Willst du immer weiterschweifen? Sieh, das Gute liegt so nah. Lerne nur das Glück ergreifen, denn das Glück ist immer da.

Johann Wolfgang von Goethe

Liebe besteht nicht darin, dass man einander anschaut, sondern dass man gemeinsam in dieselbe Richtung blickt.

Antoine de Saint-Exupéry

Jede Mutter hofft, dass ihre Tochter einen besseren Mann bekommt als sie selber, und ist überzeugt, dass ihr Sohn niemals eine so gute Frau bekommen wird wie sein Vater.

Martin Andersen-Nexö

Ein kluges Mädchen heiratet einen Mann, der beim Militär gewesen ist. Er kann flicken, stopfen, putzen, Betten machen, ist in erster Hilfe ausgebildet, mit wenig Geld und wenig Freizeit zufrieden und hat gelernt, Befehle widerspruchslos auszuführen.

Peter Sellers

Im Ehestand muss man sich manchmal streiten, denn dadurch erfährt man was voneinander.

Johann Wolfgang von Goethe

Man ist glücklich verheiratet, wenn man lieber heimkommt als fortgeht.

Heinz Rühmann

Nicht der Mangel an Liebe, sondern der Mangel an Freundschaft macht unglückliche Ehen.

Friedrich Nietzsche

Dankesrede des Bräutigams

Botschaft: Danksagung für die Wünsche zur Hochzeit

Inhalt:
- Begrüßung
- Danksagung für Anwesenheit, Wünsche und Geschenke
- Toast

Tipp:

Je älter das Jubelpaar, desto kürzer sollte die Rede sein. Zu lange Reden ermüden und können wie ein Nachruf klingen.

Meine lieben Gäste,

ich danke euch allen, dass ihr zu unserer Hochzeit gekommen seid, um mit uns gemeinsam diesen schönsten Tag zu feiern.

Ihr habt uns damit nicht nur gezeigt, wie gern ihr mit uns zusammen seid, sondern ihr habt auch mit Kräften dafür gesorgt, dass uns dieser Tag unvergesslich bleiben wird.

Mit so vielen Überraschungen haben wir nicht gerechnet – ein Kompliment und tausend Dank an alle.

Nun lasst uns gemeinsam feiern und ein paar schöne Stunden miteinander verbringen.

Danke für alles – auf euer Wohl!

Hochzeitsjubiläen

Die Silberne Hochzeit nach 25 Jahren und die Goldene Hochzeit nach 50 Jahren sind für die meisten Paare ein Anlass, das Fest mit Verwandten und Freunden groß zu feiern. Alle anderen Hochzeitsjubiläen gelten nicht als offizielles Jubiläumsdatum, weshalb sie das Ehepaar meist mit einer Feier zu zweit begeht.

Bei den großen Hochzeiten trifft sich die Gesellschaft zum Festessen, wobei auch hier Reden in Form der Tischrede gehalten werden. Der Ton klingt umso feierlicher, je älter das Paar ist. Bei Reden zur Goldenen Hochzeit steht allein das Jubelpaar und die gemeinsam verbrachte, positive Zeit im Mittelpunkt.

In früheren Zeiten, als die Menschen noch nicht so alt wurden wie die heutigen Mitteleuropäer, war es ein besonderer Anlass, wenn ein Ehepaar auf 25 Jahre gemeinsamen Lebens zurückschauen konnte. Goldene Hochzeiten waren ein außergewöhnliches Ereignis, höhere Jubiläen äußerst selten.

Daraus erklärt sich die Tradition, diese Hochzeitstage mit einem großen Fest zu begehen.

Hochzeitsjubiläen	
Trauung	Grüne/Weiße Hochzeit
1 Jahr	Papier-/Baumwollene Hochzeit
3 Jahre	Lederne Hochzeit
4 Jahre	Seidene Hochzeit
5 Jahre	Hölzerne Hochzeit
7 Jahre	Kupferne Hochzeit
8 Jahre	Blecherne Hochzeit
10 Jahre	Rosenhochzeit
12 ½ Jahre	Petersilienhochzeit
15 Jahre	Gläserne/Kristallene Hochzeit
20 Jahre	Porzellanhochzeit
25 Jahre	Silberne Hochzeit
30 Jahre	Perlenhochzeit
35 Jahre	Leinwandhochzeit
37 ½ Jahre	Aluminiumhochzeit
40 Jahre	Rubinhochzeit
50 Jahre	Goldene Hochzeit
55 Jahre	Smaragdhochzeit
60 Jahre	Diamantene Hochzeit
65 Jahre	Eiserne Hochzeit
67 ½ Jahre	Steinerne Hochzeit
70 Jahre	Gnadenhochzeit
75 Jahre	Kronjuwelenhochzeit

Die Silberne Hochzeit

**Rede eines Freundes
zur Silbernen Hochzeit**

Botschaft: Gratulation und Freude

Inhalt:
- Begrüßung
- Launige Vergleiche anhand von Zitaten
- Glückwünsche
- Toast

Liebe Maria, lieber Friedrich,

ein Vierteljahrhundert ist eure Ehe nun schon alt und zeigt, dass es auch in unserer schnelllebigen Zeit noch lange, tiefe Liebe gibt.

„Nur die Liebe lässt uns leben!", heißt eine Schlagerzeile. Dass sie stimmt, sehen wir an euch.

Vielleicht liegt es auch daran, dass Friedrich wie Alfred Hitchcock denkt, der einmal sagte: „Richtig verheiratet ist der Mann, der jedes Wort versteht, das seine Frau nicht gesagt hat."

Oder liegt das Geheimnis eurer Ehe in dem, was Gregory Peck folgendermaßen benannte: „Eine gute Ehe ist ein Interview, das nie geendet hat."?

Sicher hat auch geholfen, den Ratschlag eines Unbekannten zu beherzigen: „Liebet euch, dann kommt alles von allein!"

Ich möchte mich dem anschließen: Liebet euch weiterhin, damit wir in 25 Jahren wieder zusammenkommen und euch hochleben lassen können.

Lasst uns anstoßen auf eure Silberhochzeit!

Passende Zitate zur Ehe

Wenn du weißt, dass die meisten Männer wie Kinder sind, weißt du alles.

Coco Chanel

Die Behauptung, ein Mann könne nicht immer die gleiche Frau lieben, ist so unsinnig wie die Behauptung, ein Geigenspieler brauche für ein und dasselbe Musikstück mehrere Violinen.

Honoré de Balzac

Richtig verheiratet ist der Mann, der jedes Wort versteht, das seine Frau nicht gesagt hat.

Alfred Hitchcock

Die geschmackvolle Frau wählt den Mann, der ihr am besten steht.

Emilio Schubert

Männer, die behaupten, sie seien die uneingeschränkten Herren im Haus, lügen auch bei anderer Gelegenheit.

Mark Twain

>>

Männer brauchen Frauen um sich, sonst verfallen sie unaufhaltsam der Barbarei.

Orson Welles

Sprüche und Gedichte zur Silbernen Hochzeit

Woher sind wir geboren?
Aus Lieb'.
Wie wären wir verloren?
Ohn' Lieb'.
Was hilft uns überwinden?
Die Lieb'.
Kann man auch Liebe finden?
Durch Lieb'.
Was lässt nicht lange weinen?
Die Lieb'.
Was soll uns stets vereinen?
Die Lieb'.

Johann Wolfgang von Goethe

In der Liebe ist es wie beim Verbrechen – ohne den richtigen Komplizen wird es nichts.

Christian Reuter

Ehen und Weine haben eines gemeinsam: Die wahre Güte zeigt sich erst nach Jahren.

William Somerset Maugham

Mein Herz, ich will dich fragen:
Was ist denn Liebe? Sag'!
„Zwei Seelen und ein Gedanke,
zwei Herzen und ein Schlag!"
Und sprich, woher kommt Liebe?
„Sie kommt und sie ist da!"
Und sprich, wie schwindet Liebe?
„Die war's nicht, der's geschah!"
Und was ist reine Liebe?
„Die ihrer selbst vergisst!"
Und wann ist Lieb' am tiefsten?
„Wenn sie am stillsten ist!"
Und wann ist Lieb' am reichsten?
„Das ist sie, wenn sie gibt!"
Und sprich, wie redet Liebe?
„Sie redet nicht, sie liebt!"

Friedrich Halm

Einen Menschen lieben, heißt einwilligen, mit ihm alt zu werden.

Albert Camus

Die Goldene Hochzeit

**Rede eines Freundes zur
Goldenen Hochzeit**

Botschaft: Glückwunsch zur Lebensleistung

Inhalt:
- Begrüßung und Glückwunsch
- Anerkennung der Lebensleistung
- Das besondere der Dauer der Ehe
- Glückwünsche und Toast

Liebe Annemarie, lieber Lothar,

50 Jahre Freud und Leid,
50 Jahre Tisch und Bett geteilt!

Herzlichen Glückwunsch zu dieser Leistung!

Eure Ehe ist in dieser Zeit ein echtes Vorbild. Unter
den heutigen Menschen seid ihr mit fünfzig Jahren ehe-
licher Gemeinschaft eine aussterbende Spezies. Die
Ehen sind schnelllebiger geworden. Manche haben sich
bereits kurz nach der Trauung überholt. Aber ihr trau-
tet euch mehr zu und bekamt dafür auch viel. Nur, wer
es tatsächlich erleben durfte, kennt das wärmende
Gleichgewicht in einer guten Ehe.

50 Jahre lang seid ihr durch alle Höhen und Tiefen,
durch Stürme und Flauten gegangen. Ihr habt euch
gestützt und getragen, miteinander gelacht und füreinander gesorgt.

Ein glücklicher Mann sagte einmal: „Ohne meine Frau
wäre die Ehe unerträglich." Zum Glück habt auch ihr
euch vor mehr als fünfzig Jahren gefunden.

Wir wünschen euch für die nächsten Jahre die Gesundheit, mit der ihr eure Ehe weiterhin genießen könnt!
Hoch lebe das Jubelpaar!

Rede der Tochter zur
Goldenen Hochzeit

Botschaft: Glückwunsch für die Leistung und
Rückschau auf die Vergangenheit

Liebe Eltern,

manche Zahlen sind so groß, die muss man ganz langsam aussprechen, damit sie bewusst werden: Fünfzig Jahre seid ihr miteinander verheiratet. Fünfzig!

Fünfzig Jahre sind ein halbes Jahrhundert und mehr als ein halbes Menschenleben voller Erlebnisse, Höhen und Tiefen, ruhigen, aber auch aufregenden Stunden.

Rechnen wir zurück: 1958 habt ihr euch entschieden, das Leben miteinander zu teilen. Was für die meisten Ehepaare heute utopisch klingt und von den meisten Pfarrern auch nicht mehr angesprochen wird, jenes „bis dass der Tod euch scheidet", habt ihr ernst genommen. Es gab nie die Frage, ob ihr zusammenbleiben oder getrennte Wege gehen wollt. Ihr hat-

tet euch versprochen, füreinander zu sorgen in guten wie in schlechten Zeiten. Und von beiden gab es in diesen fünfzig Jahren einige.

Die schlimmen Zeiten haben euch zusammengeschweißt, die guten Zeiten habt ihr genossen. Für die Beständigkeit eurer Zuneigung und Loyalität bewundere ich euch.

Nicht dass bei uns zuhause immer alles nur harmonisch abgelaufen wäre! Nein! Auseinandersetzungen gab es immer. Die anstrengende Arbeit meines Vaters hinterließ Spuren am elterlichen Tisch, die alltäglichen Mühen meiner Mutter mit uns Kindern schafften Diskussionen. Es gab gegenteilige Meinungen und alles wurde angesprochen.

Dennoch herrschte in den wichtigen Dingen Einverständnis und Verständnis für die Situation des Anderen. Und wir Kinder waren nie ernsthaft in einen Streit verwickelt, der uns verunsichert hätte. Die Liebe unserer Eltern war und ist uns sicher bis zum heutigen Tage. Und bis heute können wir über alles miteinander reden.

Dass auch ihr miteinander redet, wird uns bei jedem Telefonat klar. Ihr habt enorm viele Termine untereinander abzustimmen aufgrund der zahlreichen Aktivitäten: Oper, Konzerte, Reisen, Ausflüge und anderes stehen bei euch fast jede Woche auf dem Programm.

Fünfzig Ehejahre haben euch noch näher zueinandergebracht. Und das geht nur, wenn man den Anderen wirklich liebt. Diese Liebe haben wir Kinder immer gespürt. Herzlichen Dank für eure Zuneigung zueinander und zu uns!

Liebe Freunde, erhebt euch von den Plätzen und stoßt mit uns an auf das Wohl unserer Eltern!

Tipp:

„Reden lernt man durch reden.", sagte einst schon der römische Redner und Schriftsteller Marcus Tullius Cicero. Sie müssen also üben, üben, üben, um eine gewisse Sicherheit als Redner zu bekommen.

Passende Zitate und Gedichte zur Goldenen Hochzeit

Die Ehe ist kein Fertighaus, sondern ein Gebäude, an dem ständig konstruiert und repariert werden muss.

Jean Gabin

Das Geheimnis der langen Ehe? Ganz einfach: Man muss nur die richtige Frau finden und alt genug werden.

Gordon A. Craig

Verehrtes Paar, das fünfzig Jahre
der Freude und des Leids geteilt,
das liebreich noch im Silberhaare
gern in der Jugend Kreise weilt;
das edlen Kindern edles Denken
hat eingeflößt durch seine Lehren,
das edle Enkel als ein Vorbild
in allem Gutem hoch verehren!

Dir bringe ich im Namen aller,
die dieses Tags sich innig freun,
die Wünsche dar, die aller Herzen
voll tiefer Ehrfurcht heut dir weihn;
dir bring ich, und es teilen alle
des schönen Augenblickes Lust
mit hochgeschwungenem Pokale
ein Lebehoch aus voller Brust!

Epithalamia

Gott sei mit dir, du Hochzeitspaar,
lebt froh und glücklich fort;
Gott schenke euch noch manches Jahr
und sei euch Freund und Hort!
Hell leuchte eurer Freude Glanz,
es schmücke euch der Hochzeitskranz:
Glück auf zum goldnen Fest!

Wohl traf euch manchmal Gram und Schmerz,
ihr truget Sorg' und Müh';
doch blieb getrost das treue Herz,
Gott half euch spät und früh.
Und jetzt ertönet Preis und Dank,
es schallet laut der Jubelsang:
Glück auf zum goldnen Fest!

W. Fischer

Abwechslung ist des Lebens Reiz, was freilich jede glückliche Ehe zu widerlegen scheint.

Theodor Fontane

Die Ehe ist im Leben auch eine Art Sicherheitsgurt: Unfallfolgen aller Art werden dadurch erheblich gemildert.

Heinz Rühmann

Eine gute Ehe beruht auf dem Talent zur Freundschaft.

Friedrich Nietzsche

Eine glückliche Ehe ist wie eine lange Unterhaltung, die einem trotzdem zu kurz vorkommt.

André Maurois

Die Ehe ist wie ein Telefon: Wenn man nicht richtig gewählt hat, ist man falsch verbunden.

Doris Day

Die Ehe funktioniert am besten, wenn beide Partner ein bisschen unverheiratet bleiben.

Claudia Cardinale

Geburtstag

Ein Geburtstag ist immer ein Anlass, um sich zu treffen und zu feiern. Besonders runde Geburtstage werden mit einem großen Fest im Familien- und Freundeskreis begangen. Aber nicht immer wird dabei eine Rede gehalten. Üblich ist dies zum ersten Mal bei der Vollendung des 18. Lebensjahrs und damit dem Eintritt in die Volljährigkeit. In den nächsten Lebensjahrzehnten steht die Rede seltener im Mittelpunkt, gewinnt aber wieder eine zentrale Stellung ab dem 50. Lebensjahr. Mit dem 60. Geburtstag wird dann oft in Fünferschritten groß gefeiert, wobei jedes Mal eine Rede gehalten werden kann – vor allem von Freunden und Kindern.

Die Rede zum Geburtstag ähnelt einer Tischrede und sollte fünf Minuten nicht überschreiten. Der richtige Zeitpunkt ist zwischen den Gängen. Auch hier gilt: Je älter der Jubilar, desto kürzer muss die Rede sein, da sie sonst einem Nachruf ähnelt.

Da der Geburtstag eine freudige Angelegenheit ist, können die Reden launigen und humorigen Inhalt haben und in entsprechender Art und Weise vorgetragen werden. Je vergnügter die Rede, umso wohler werden sich das Geburtstagskind und die Gäste fühlen. Verwenden Sie dabei Zitate und fröhliche Gedichte, die Ihre Rede tragen und auflockern.

Geburtstag

Unsere Urahnen kannten den Tag ihrer Geburt nicht, weshalb er auch nicht gefeiert wurde. Zeremonien fanden mancherorts zum Gedenken der Ahnen statt. Auch das übernatürliche Wesen, das bei der Geburt angeblich anwesend war und die bösen Geister vertrieb, wurde geehrt. Später setzte sich die Feier des Geburtstags zuerst in den protestantischen Gebieten durch. In den katholischen Regionen blieb lange der Namenstag populär, der einem Heiligen gewidmet ist.

Passende Zitate und Gedichte zum Geburtstag

Im Internet finden Sie eine reiche Auswahl an Spielen und Gedichten zu runden Geburtstagen. Wenn Sie diese in Ihre Rede einbauen, werden sich die Gäste und das Geburtstagskind amüsieren.

Wollen Sie einen ernsteren Ton anschlagen, eignen sich auch Zitate als Einstieg.

Alter ist irrelevant, es sei denn, du bist eine Flasche Wein.

Joan Collins

Fünfzig

Ich halte Rast auf meiner Fahrt
und schaudre, dass ich 50 ward.
Ich dachte, dass auf Erden
nur andre 50 werden.
Die Zeit vertost, die Ahnung spricht:
So stirbst du einst – und glaubst es nicht.

Alfred Kerr

Auch mit 60 kann man noch 40 sein –
aber nur noch eine halbe Stunde am Tag.

Anthony Quinn

Alt werden ist nichts für Feiglinge.

Bette Davis

Auch ich muss meinen Rucksack selber tragen!
Der Rucksack wächst. Der Rücken wird nicht breiter.
Zusammenfassend lässt sich etwa sagen:
Ich kam zur Welt und lebe trotzdem weiter.

Erich Kästner

Vergangenheit ist Geschichte,
Zukunft ist Geheimnis
und jeder Augenblick ist ein Geschenk.

Ina Deter

Kummer, sei lahm! Sorge, sei blind!
Es lebe das Geburtstagskind!

Theodor Fontane

>>

Nicht die Jahre in unserem Leben zählen,
sondern das Leben in unseren Jahren zählt.

Adlai E. Stevenson

Wettlauf

Ein Mensch, erst zwanzig Jahre alt,
beurteilt Greise ziemlich kalt
und hält sie für verkalkte Deppen,
die zwecklos sich durchs Leben schleppen.
Der Mensch, der junge, wird nicht jünger:
Nun, was wuchs denn aus seinem Dünger?
Auch er sieht, dass trotz Sturm und Drang,
was er erstrebt, zumeist misslang,
dass auf der Welt als Mensch und Christ
zu leben nicht ganz einfach ist.
Hingegen leicht, an Herrn mit Titeln
und Würden schnöde herumzukritteln.
Der Mensch, nunmehr bedeutend älter,
beurteilt jetzt die Jugend kälter,
vergessend früheres Sich-Erdreisten:
„Die Rotzer sollen erst was leisten!"
Die neue Jugend wiederum hält ...
Genug – das ist der Lauf der Welt!

Eugen Roth

Mit 20 hat jeder das Gesicht, das Gott ihm
gegeben hat,
mit 40 das Gesicht, das ihm das Leben
gegeben hat,
und mit 60 das Gesicht, das er verdient.

Albert Schweitzer

Wer seiner Jugend nachläuft, läuft dem
Alter in die Arme.

Willy Millowitsch

Mögest du alle Tage deines Lebens leben.

Jonathan Swift

Alt werden, das ist Gottes Gunst.
Jung bleiben, das ist Lebenskunst.

Johann Wolfgang von Goethe

Der Musikant

Geburtstag ist's, lind weht die Luft,
geschoren ist der Rasen,
ein wonnevoller Rosenduft
dringt tief in alle Nasen.

Manch angenehmes Vögelein
sitzt flötend auf den Bäumen,
indes die Jungen, zart und klein,
im warmen Neste träumen.

Flugs kommt denn auch dahergerannt,
schon früh im Morgentaue
mit seinem alten Instrument
der Musikant, der graue.

Im Juni, wie er das gewohnt,
besucht er einen Garten,
um der Signora, die da thront,
mit Tönen aufzuwarten.

Er räuspert sich, er macht sich lang,
er singt und streicht die Fiedel,
er singt, was er schon öfter sang;
du kennst das alte Liedel.

Und wenn du gut geschlafen hast
und lächelst hold hernieder,
dann kommt der Kerl, ich fürchte fast,
zum nächsten Geburtstag wieder.

Wilhelm Busch

Ein Mensch von 55 macht keine Dummheiten mehr – denkt er.

Maurice Chevalier

„Wird's besser?",
„Wird's schlimmer?",
fragt man alljährlich.
Seien wir ehrlich:
Leben ist immer
lebensgefährlich.

Erich Kästner

Rede des Vaters zum 18. Geburtstag der Tochter

Botschaft: Glückwünsche zur Volljährigkeit

Inhalt:
- humoriger Einstieg zum Thema Freiheit
- Rückschau auf die Kindheit
- Ausschau auf das Erwachsenenleben
- Toast und Wünsche

Liebe Carlotta,

heute ist ein besonderer Tag in deinem Leben, denn nun bist du volljährig. „Endlich!", wirst du sagen. Und dasselbe denken auch wir Eltern ... Deine „Freiheit", auf die du dich schon so lange freust, bedeutet auch Freiheit für uns. Ab heute bist du vor dem Gesetz erwachsen!

Die letzten 18 Jahre haben Mutter und ich versucht, so gut wie möglich auf dich aufzupassen. Ich erinnere mich an den ersten Kindergartentag, als du lange am Fenster standest und uns nachschautest. Mutter wäre am liebsten zurückgelaufen, um dich wieder mitzunehmen. Die Erzieherinnen erzählten uns später, dass du dich sofort ins Gewimmel gestürzt hast, sobald wir außer Sichtweite waren.

Vermutlich hast du schon da dein Stückchen Freiheit sichtlich genossen.

Dann kam der erste Schultag und in den nächsten Wochen sah ich meine Tochter mit einem riesigen Ranzen auf dem Rücken den Weg in die Schule gehen. „Ich will alleine gehen!", verlangtest du schon damals mit Nachdruck.

Diese Energie in der Durchsetzung deiner Ziele hast du dir bewahrt. Die Kindheit verging und die jugendliche Carlotta hielt uns ganz schön auf Trab. Alles wurde hinterfragt, aber auch vieles bewegt. Du warst Klassensprecherin, Mädchenvertraute, Nachhilfegeberin und eine gute Schülerin, die schon zeitig wusste, was sie werden wollte.

Dafür wurden Sprachen gelernt, Briefe geschrieben, Praktika absolviert. Du hast gekämpft, diskutiert und hinterfragt. Manches haben wir nicht verstanden, vieles vorsichtig angeschaut. Doch meistens waren wir einfach nur stolz auf dich und deine Entscheidungen.

Nun bist du erwachsen und offiziell für dich selbst verantwortlich. Du darfst jedes Schriftstück unterschreiben, brauchst uns nicht mehr um Erlaubnis fragen, darfst reisen, wohin du möchtest – vorausgesetzt, das Kleingeld ist vorhanden – und wohnen, wo immer du Lust hast.

Dass du mit dir verantwortungsbewusst umgehen wirst, weiß ich genau. Du gehst deinen Weg schon jetzt zielstrebig und stehst seit Langem für alles selbst ein, was du machst.

Und falls du einmal nicht wissen solltest, was zu tun ist, dann frage ruhig uns, deine Eltern. Du bist zwar heute 18 Jahre alt geworden, aber damit noch nicht allwissend. Und das ist ganz normal. Völlig frei von Verantwortung werden wir Eltern uns niemals fühlen. Zum Glück! Denn dadurch stehen wir immer für dich bereit.

Herzlichen Glückwunsch zum Geburtstag, meine liebe Tochter! Ich wünsche dir das Allerbeste für deinen Lebensweg!

Aufhänger für Reden zum Geburtstag

- das Geburtsjahr in der Weltgeschichte
- das Sternzeichen der Hauptperson
- der Tag der Geburt und seine prominenten Persönlichkeiten
- die Zahl (40, 50, 60 ...) in ihrer Entsprechung

Humorvolle Rede zum 40. Geburtstag

Botschaft: Gratulation mit launiger Erklärung

Inhalt:
- Begrüßung und Glückwünsche
- Bedeutung der Zahl 40
- Vergleiche mit dem Ehrengast
- Gratulation und Toast

Liebe Sabine,

Glückwunsch! Du hast es geschafft! Vierzig Jahre bist du nun alt und hast damit – wie es so schön heißt – das Alter der Jugend erreicht. Mit vierzig wird man ruhig und auch langsam weise, heißt es ebenfalls.

Und das liegt vermutlich an der besonderen Zahl Vierzig. Seit alters her wurden ihr nämlich magische Kräfte zugeordnet. In der ältesten Literatur hat sie einen festen Stellenwert, denn bereits in der Bibel strömten die Wasser der Sintflut vierzig Tage und Nächte auf die Erde. Moses musste die gleiche Zeit auf dem Berge Sinai warten, ehe er die Gesetzestafeln mit den Zehn Geboten in Empfang nehmen durfte. In der Zwischenzeit vollführte sein zurück-gelassenes Volk fröhliche Feste mit Tänzen um das Goldene Kalb.

Auch Ali Baba liebte das Feiern und umgab sich gern mit vierzig Räubern. Hast du einmal nachgezählt, wie viele Gäste am Tisch sitzen?

Sehe ich mir die reichlich gedeckte Tafel an, muss ich an Jesus denken, der vierzig Tage in der Wüste fastete. Er musste noch keine Vierzigstundenwoche leisten, erschien aber nach seiner Auferstehung vierzig Tage lang seinen Jüngern.

Das Besondere an der Zahl Vierzig ist, dass ihr eine weit magischere Zahl zu Grunde liegt, nämlich die Vier. Sie gilt als die „Grundzahl des

Weiblichen". Ich brauche dich, Sabine, nur anzusehen, und schon muss ich dieser Erklärung zustimmen.

Aber noch mehr gibt es von der Vier zu berichten: Vier Himmelsrichtungen bestimmen die Erde, vier Ecken haben die meisten Zimmer und auf vier Rädern fahren die schnittigen Rennautos ebenso wie die Familienkutschen.

Früher kannten die Menschen vier Hauptwinde, vier Elemente und vier Temperamente. Temperamentvoll bist auch du, aus mindestens vier Elementen aufgebaut und von mindestens vier Tugenden beseelt, die ich als Klugheit,

Verlässlichkeit, Herzlichkeit – und nicht erst seit heute – als Reife benennen kann.

Noch viele Vieren gäbe es aus deinem vierzigjährigen Leben aufzuzählen, aber wir wollen ja nicht eine vierzigtägige Fastenkur beginnen.

Lasst uns nun anstoßen auf den Geburtstag von Sabine.

Mehr als vierzig Gäste gratulieren herzlich!

Rede des Bruders zum 50. Geburtstag

Botschaft: Humoriger Ausblick aufs Alter

Lieber Hannes, liebe Freunde und Verwandte,

heute hast du, Hannes, die Schwelle in eine andere Dimension überschritten. Denn:

Vierzig ist das Alter der Jugend, fünfzig die Jugend des Alters.

Willkommen in einer Jugend, die ganz neue Einblicke gewährt. Ich weiß, wovon ich spreche. Habe ich doch diese Schwelle schon vor ein paar Jahren überquert und kenne mich in den Fünfzigern ganz gut aus.

Zwar wird das Haar spärlicher und mancher Bauchansatz kann auch durch geschickte Haltung oder Kleidung nicht mehr kaschiert werden, aber andere Vorteile machen den Verlust der äußerlichen Jugend wett: Man wird von den Jüngeren respektiert und um Rat gefragt. Man darf seine Meinung zu allen Dingen dieser Welt äußern – sei dies Politik, Ehe oder Unternehmenskultur – es wird uns zugehört.

Wir Fünfzigjährigen haben nämlich etwas zu sagen. Die Erfahrung und Weisheit, die ja angeblich mit vierzig so langsam Einzug gehalten haben soll, stehen uns gut. Wir wissen zu leben und lieben, zu genießen und entscheiden, zu reden oder schweigen – ohne etwas hinterher zu bereuen. Nun gut, ein wenig vorsichtig in manchen Dingen sollten wir noch sein. Das wusste schon Maurice Chevalier, der französische Chansonier, als er sagte: „Ein Mensch von 55 macht keine Dummheiten mehr – denkt er."

Sei also vorsichtig in den nächsten Jahren ... Wenn ich mich allerdings zurückerinnere, so waren die Dummheiten, die wir beide gemacht haben, die schönsten Stunden in unserem brüderlichen Leben. Und auch heute möchte ich die jährlichen Angelausflüge in die Wildnis, bei denen wir uns in bärtige Einsiedler verwandeln, nicht missen. Und ebenso wenig die Augenblicke, in

denen wir wie damals als kleine Jungen zusammensitzen und die Welt retten wollen – heute selbstverständlich bei einem guten Glas Rotwein.

Genieße die Jugend, mein Bruder, bleibe, wie du bist, damit wir die nächste Dimension, die du betrittst, wieder so fröhlich beieinander sitzend feiern können. Alles Gute!

Tipp :

„Es genügt nicht, dass man zur Sache spricht. Man muss zu den Menschen sprechen." Diese Aussage stammt von dem polnischen Schriftsteller Stanislaw Jerzy Lec. Was er damit sagen möchte, ist, dass jede Rede das Publikum mit einbeziehen und ansprechen muss.

Rede einer Freundin zum 60. Geburtstag

Botschaft: Ein Toast auf die Freundschaft

Inhalt:
- ◤ Begrüßung
- ◤ Rückschau auf die gemeinsame Freundschaft
- ◤ Vorzüge anhand der Buchstaben des Namens aufzählen
- ◤ Danksagung für die Freundschaft
- ◤ Glückwünsche und Toast

Liebe Heide,

kaum zu glauben, aber wahr. Du begehst heute deinen 60. Geburtstag. Ein recht hoher Geburtstag schon, das ist wahr. Aber für mich ist das Besondere daran, dass ich diesen Tag mit dir feiern kann. Mehr als 40 Jahre kennen wir uns nun. In diesen vier Jahrzehnten haben wir vieles miteinander erlebt, uns wirklich kennen gelernt, auch unsere Familie, Kinder und nun auch Enkel. Es gibt vielleicht nichts Schöneres – neben einer intakten Familie – als eine lange, tiefe Freundschaft.

In all diesen Jahren habe ich dich schätzen und lieben gelernt. Und ich muss zugeben, dass ich manchmal ohne dich, dein Zuhören oder deinen Rat nicht weitergewusst hätte. Sicher kann man auch ohne Freunde durchs Leben gehen. Aber mit einer Freundin an der Seite geht es sich wesentlich leichter.

Dein Name sagte immer schon viel über dich aus. Wie das Heideblümchen, so blühst auch du anhaltend und ganz besonders schön noch einmal im Herbst. Die Farben, die du trägst, stehen dir ausgezeichnet, schließlich weißt du, was du willst, auch in der Mode. Und buchstabiere ich deinen Namen, so kommen mir einige deiner Vorzüge in den Sinn.

Heide beginnt mit **H** und erinnert mich daran, wie herzlich du bist. **E** steht für deine Experimentierfreude. **I** dafür, wie individuell und besonders du allen Menschen gegenübertrittst und sie mitreißt in andere Welten. **D** steht dafür, wie dynamisch du eine neue Sache angehst oder auch wie dankbar du für die Dinge bist, die du erlebst. **E** dafür, wie energisch du dich immer für deine Familie eingesetzt hast, ebenso für deine Arbeit und auch für deine Freunde. Ich weiß das genau und habe es oft erlebt.

Liebe Heide, du bist eine wunderbare Freundin und ich danke dir dafür. Heute, zu deinem Geburtstag, wünsche ich dir, dass du weiter so kraftvoll und experimentierfreudig und mitreißend und friedlich und neugierig auf das Leben bleibst. So lieben wir dich!

Lasst uns die Gläser erheben und auf deinen Geburtstag anstoßen.

Das ABC der Eigenschaften

Wenn Sie Ihre Rede an die Buchstaben des
Namens anlehnen, dann finden Sie hier eine
kleine Auswahl, die Sie natürlich passend zum
Geburtstagskind ergänzen können:

ABC der Eigenschaften	
A	aufregend, außergewöhnlich, anziehend
B	beliebt, bezaubernd, begabt
C	charakterstark, charmant, couragiert
D	draufgängerisch, dynamisch, diskret
E	ehrlich, einzigartig, empfindsam
F	freundlich, feurig, fröhlich
G	gütig, gastfreundlich, großzügig
H	humorvoll, hilfsbereit, hellwach
I	interessant, impulsiv, ideenreich
J	jugendlich, jung geblieben, jovial
K	kumpelhaft, kreativ, kollegial
L	liebevoll, lustig, lebensfroh
M	mutig, mütterlich, meisterhaft
N	neugierig, natürlich, naturverbunden
O	ordentlich, optimistisch, originell
P	persönlich, pragmatisch, patent
Q	quirlig, quicklebendig, quietschvergnügt
R	redegewandt, reiselustig, romantisch
S	sanftmütig, solidarisch, sensibel
T	treu, tolerant, tierlieb
U	unkompliziert, unternehmungslustig, unübertroffen
V	verantwortungsbewusst, verwegen, vital
W	willensstark, wunderbar, warmherzig
X	x'sund, xenophil, x-fache Meisterin
Y	yogafreundlich, young, yuppie-mäßig
Z	zahlkräftig, zielstrebig, zuversichtlich

Rede der Tochter zum 70. Geburtstag der Mutter

Botschaft: Glückwünsche, Anerkennung und Dank

Inhalt:

- Begrüßung
- Rückschau auf das Leben
- Rückschau auf die Kindheit der Rednerin
- Zitat von Bette Davis
- Glückwünsche und Toast

Liebe Mama, liebe Gäste,

vor genau fünf Jahren trafen wir uns in eben dieser Runde, um den 65. Geburtstag von dir, liebe Mama, zu feiern.

Nun ist es dein runder Geburtstag, der uns wieder zusammenführt. „Mein Gott, siebzig!", hast du mir noch gestern gesagt. Und: „So alt waren doch unsere Großmütter!" Nun bist du selbst so alt und auch bereits lange Großmutter.

Der Unterschied zwischen früher und heute ist nur der: Man sieht es den heute Siebzigjährigen nicht mehr an. Und wenn ich dich betrachte, Mama, dann sehe ich keine Großmutter im herkömmlichen Sinne vor mir. Keine alte, gebeugte Oma mit grauem Haar und strengem Dutt sitzt hier an der Tafel, sondern eine lebenslustige, aktive, energiegeladene Frau.

Dabei war dein Leben alles andere als nur „eitel Sonnenschein". Auch bei dir gab es Lebensphasen, die den Rücken hätten beugen lassen können. Im Krieg aufgewachsen, hast du Entbehrungen reichlich erfahren. Und das nachfolgende System ließ weder große Auswahl im Beruf noch im individuellen Ausleben – wie es heute lebensnotwendig scheint – zu.

Du hast in jungen Jahren arbeiten, weite Wege zu Fuß gehen und früh Entscheidungen treffen müssen. Eine der besten war sicher, Vater zu heiraten. Ihr teilt bis heute viele gemeinsame Interessen, die euch auf Trab halten. Schon als junge Eheleute saht ihr euch erst einmal ein Stück der Welt an, bevor es ans Kinderkriegen und Hausausbauen ging.

Meine Kindheit war wunderbar, unbeschwert und glücklich. Dafür danke ich dir! Und mein Bruder Axel sicher auch. Wir Kinder gingen bald aus dem Haus, haben aber die Verbindung zu unserem Zuhause nie verloren, weshalb wir immer wieder gern und freiwillig zurückkehren, sooft es geht.

Immer geht es nicht, weil es die Termine nicht zulassen – aber nicht unsere, sondern eure! Du bist nämlich auf Zack: Oper, Konzerte, Ausflüge, Urlaube. Meine Mutter ist die Seele des Hauses, muss sich aber auch immer wieder einmal woanders umschauen. Am liebsten natürlich mit Vater an ihrer Seite.

Sicher macht sich auch das Alter langsam bemerkbar. Da wollen die Knie nicht mehr, wie sie sollen, oder die Schulter schmerzt. Ja. „Alt werden ist nichts für Feiglinge", sagte schon die amerikanische Schauspielerin Bette Davis.

Liebe Mama, bleib so mutig und rege und temperamentvoll und interessiert an allem. Und auch, wenn du nicht dem Bild der alten Großmutter entsprichst, so bist du eine wundervolle, jung gebliebene Oma. Dein Enkel wird mir zustimmen.

Ich wünsche dir weitere fünf Jahre spannendes Leben, auf dass wir dann wieder zusammenkommen und auf dein Wohl trinken!

Rede eines Freundes zum 80. Geburtstag

Botschaft: Glückwünsche und das Geburtstagskind ehren

Inhalt:
- Begrüßung und Glückwünsche
- Rückschau auf die lange Freundschaft
- Lob auf die Freundschaft
- Glückwünsche und Toast

Liebe Anni, lieber Lothar, liebe Freunde,

ich gratuliere dir, lieber Lothar, ganz herzlich zu deinem 80. Geburtstag. Du bist mein ältester, besser gesagt längster Freund. Wir kennen uns nun seit fast 50 Jahren.

Alle Älteren in dieser Runde wissen, dass wir damals unsere Genossenschaft zusammen errichtet haben. Beide Bauernsöhne, beide mit dem Gedanken durchdrungen, dass es uns Bauern einmal besser gehen sollte. Als der Staat von oben vorschreiben wollte, wie alles zu revolutionieren sei, gingen wir unseren eigenen Weg. Wir gründeten die Genossenschaft nach unserer Art und hatten sofort regen Zulauf. Du warst der Chef, ich dein Stellvertreter. Vom ersten Tag an bis heute hat es nie ein böses Wort zwischen uns gegeben. Wir behandelten uns mit Respekt und konnten uns gegenseitig auf unseren Sachverstand verlassen. Mit den Jahren wuchs aus der Sympathie Freundschaft. Geprägt wurde diese durch Vertrauen, Verlässlichkeit und Fairness. Und dass auch ein großes Stück Toleranz vonnöten ist, um befreundet zu sein und täglich zusammenzuarbeiten – ist selbstverständlich.

Durch dein Können, deine Einsatzbereitschaft und den eisernen Willen, das Wohl der Menschen in den Vordergrund zu stellen, bautest du ein Unternehmen auf, das 40 Jahre lang zu den besten im Kreis gehörte.

Heute hast du dir deinen Ruhestand verdient. Und ich bin froh, dass ich auch daran teilnehmen darf. Wie gerne denke ich an unsere gemeinsamen Familienurlaube zurück. Jeden Sommer fuhren wir an die Ostsee. Kaum hatten wir die Quartiere bezogen, war von unseren Kindern nichts mehr zu sehen. Deine Frau, meine Frau und wir beide saßen abends lange bei Kerzenschein und einem Glas Wein, versuchten die Mücken zu ignorieren und die Probleme der Welt zu lösen. Es waren herrliche Jahre. Seitdem die Kinder aus dem Haus sind, treffen wir uns jeden Dienstag Abend zum Rommee spielen. Eine

wunderbare Tradition – liebe Anni, lieber Lothar, wir genießen es sehr, einmal in der Woche mit euch den Abend zu verbringen.

Lieber Lothar, ich wünsche dir, dass du weiter so rege und interessiert an allem bleibst und mich mit den neuesten Erkenntnissen im Pflanzenbau versorgst, mit mir über Politik und Wissenschaft diskutierst. Ich bin da ganz egoistisch – denn so einen Freund wie dich findet man nur ganz selten im Leben.

Lasst uns nun das Glas erheben und auf Lothars Wohl trinken. Auf dich ein dreifaches Hoch!

Trauerreden

Private Trauerfälle

Jedes Jahr sterben in Deutschland viele tausend Menschen. Was wie eine anonyme Statistik klingt, behandelt jedoch menschliche Tragödien. Denn jeder Trauerfall ist ein Unglück innerhalb einer Familie oder eines Freundeskreises. Der Tod gehört zum Leben. Das ist zwar jedem Menschen irgendwann im Laufe seines Lebens bewusst, dennoch verdrängen wir die Tatsache so lange, bis wir ihr gegenüberstehen.

Sollten Sie eine Trauerrede halten, müssen Sie einige Regeln beachten:

Eine Trauerrede muss einfühlsam aufgebaut werden. Besonders schwer kann es für Sie während des Sprechens werden, wenn Sie sich persönlich an den Verstorbenen erinnern oder von ihm erzählen. Vielleicht haben Sie dann mit den Tränen zu kämpfen. Dennoch ist es notwendig, die innere Anteilnahme zu zeigen, indem Sie von Ihren Gefühlen und Erlebnissen sprechen. Versuchen Sie, behutsam einen Mittelweg zu finden zwischen tiefer Bewegtheit und kühler Zurückhaltung.

Strukturieren Sie Ihre Rede:
- Sagen Sie, was Sie bewegt.
- Zitieren Sie den Verstorbenen.
- Würdigen Sie seine Vorzüge und Verdienste.
- Erinnern Sie an gemeinsam Erlebtes, schildern Sie eine Begegnung.
- Sprechen Sie tröstende Worte des Beistandes zur Familie.

Achten Sie bei der Wahl Ihrer Worte darauf, ob es sich um eine christliche oder weltliche Bestattung handelt. Die christliche Bestattung führt der Pfarrer durch, die weltliche ein professioneller Begräbnisredner oder ein Mitglied der Trauergemeinde. Bei einem Nichtmitglied der Kirche muss es sich nicht immer um einen Atheisten handeln. Stimmen Sie deshalb die Rede mit den Hinterbliebenen ab.

Tipp:

Stellen Sie sich vor, wo Sie sprechen und wer Ihnen zuhören wird. So erkennen Sie intuitiv, was und wie Sie reden wollen.

Rede eines Freundes

Botschaft: Trauer und Verlust

Inhalt:
- Ansprache an die Trauergemeinde
- Die Persönlichkeit des Verstorbenen schildern
- Die Freundschaft zum Verstorbenen ehren

Liebe Freunde!

Hans ist tot! Er ist von uns gegangen. Viel zu früh für seine Familie und seine Freunde. Auch für mich.

Wie sehr er mir fehlt, wird mir jeden Tag aufs Neue klar. Er war mein Freund, mein Seelenverwandter, ein Geschenk.

Hans war ein Mensch voller verrückter Ideen. Ein Meister des Wortes und der Gedanken. Seine Anmerkungen waren witzig, trafen genau, aber schmerzten nicht über alle Maßen. Sie brachten uns dazu, genau hinzusehen, noch einmal zu hinterfragen. Er gab den Anstoß, denken mussten wir selber.

Aufgrund seines enormen Wissensdurstes las er ständig und gehörte zu den klügsten Menschen, die ich kenne. Fragte ich ihn etwas, wusste er fast immer eine Antwort oder zumindest die Idee oder den Ansatz dazu. Die Diskussion und Gespräche waren ein reger Austausch von Meinungen, ohne zu agitieren oder den anderen von seiner Ansicht überzeugen zu müssen. Sie waren vielmehr die Grundlage, um wirkungsvoll zu reflektieren und sich auszutauschen.

„Jedes Gespräch erklärt mir die Welt auf eine neue Art!", sagte er immer. Und es war eine Freude, mit ihm zu sprechen.

Hoffen wir, dass, wo immer er ist, es Zeit und Möglichkeit für ein gutes Gespräch gibt. Meine Gedanken sind bei ihm.

Rede des Onkels
zum Tod des Neffen

Botschaft: Betroffenheit und Anteilnahme

Inhalt:
- Ansprache an die Trauergemeinde
- Worte der Fassungslosigkeit
- Schildern der Interessen und der Besonderheiten des Verstorbenen
- Anteilnahme bezeugen
- Hilfe und Trost anbieten

Liebe Erika, liebe Verwandte und Freunde, verehrte Mittrauernde,

liebe Erika, du batest mich, einige Worte als Onkel unseres geliebten Jonas zu sprechen. Und so schwer es mir auch fällt, werde ich deinem Wunsch nachkommen. Denn wir wollen diesen Abschied nicht stumm über uns ergehen lassen.

So plötzlich kam dieser Schicksalsschlag, dass wir ihn mit unseren Gefühlen nicht begreifen können. Noch immer ist Jonas lebendig in unseren Gedanken und es scheint, als ob er jeden Moment zur Tür hereinkäme. Und doch wissen wir, dass dies nicht so ist.

Alles ging so schnell, dass ich es nicht fassen kann und auch keine Worte des Trostes finde. Wir sind fassungslos angesichts dieser Tragödie.

Jonas war ein fröhlicher kleiner Junge, neugierig auf das Leben und die Menschen. Immer fand er schnell Freunde. Sie schätzten seine Verlässlichkeit, seine Zurückhaltung und seinen wunderbaren Humor, genau wie wir Älteren.

Seine besondere Liebe aber galt der Musik. Schon als kleines Kind liebte er Töne und Geräusche, blieb fasziniert vor jedem Radio sitzen. Vor vier Jahren begann er Bass zu lernen und sparte auf seine eigene große Anlage. Er jobbte fleißig und verdiente sich das nötige Geld, um Konzerte besuchen zu können. Mit großer Zielstrebigkeit übte er täglich auf seinem Instrument, um einmal selbst auf der Bühne zu stehen und Musik zu machen, die ihm gefiel. Seit seinem sechzehnten Lebensjahr spielte er in einer Band.

Ich weiß noch, wie ich bei einem seiner Konzerte war und ihn auf der Bühne erleben durfte. Obwohl ich sicher einer der ältesten Zuhörer war, so war ich wohl auch einer der stolzesten. Jonas freute sich immer, wenn jemand aus der Familie zum Konzert kam.

Trotz der zahlreichen Auftritte und des großen Freundeskreises, den er hegte und pflegte, hatte er noch Zeit, sich um seine Familie und auch die Schule zu kümmern. „Das Abitur geht vor!", sagte er immer wieder augenzwinkernd, wenn seine Mutter ihn darauf ansprach.

Er war fest entschlossen, ein guter Musiker zu werden. Und wäre dies sicher auch geworden – wenn er nur hätte länger leben dürfen! Doch ein unfassbares, schreckliches Unglück machte alle seine Träume zunichte.

Du, liebe Erika, trägst die Hauptlast an Schmerz, Verzweiflung und Trauer. Wir sind in diesem Schmerz bei dir und werden dir in den nächsten Tagen und Wochen beistehen, wann immer du es für richtig empfindest.

Tipp:
Achten Sie beim Aufbau Ihrer Rede ganz besonders auf den Einstieg und den Abschluss. Sie bleiben den Zuhörern am besten in Erinnerung.

Rede eines Vereinskameraden zum Tod eines Vorstandsmitglieds

Botschaft: Anteilnahme und Erinnerung wachhalten

Liebe Familie Bauer, liebe Vereinskameraden,

wir nehmen heute Abschied von unserem lieben Otto Bauer. Abschied nehmen wir jeden Tag von etwas in unserem Leben. Der endgültige Abschied aber ist immer mit großer Trauer verbunden. Abschied nehmen von Otto Bauer heißt, ihn nie wieder zu sehen. Er wird uns überall fehlen.

Otto Bauer gehörte zu diesem Dorf. Viele von uns kannten ihn seit unseren Kindertagen. Als Sohn eines Bauern war er sein Leben lang mit der Landwirtschaft verbunden, aber auch mit diesem Dorf, für das er sich immer einsetzte. Schon als Schuljunge war er immer in Bewegung, vor allem auf dem Sportplatz, der bald sein zweites Zuhause wurde, wie er ihn immer liebevoll nannte. In jungen Jahren tat er sich mit anderen Turnbegeisterten zusammen und erbaute in Handarbeit und seiner Freizeit zwei kleine Baracken auf dem Sportplatz. Darin sollte sich auf seine Initiative hin der erste Turnverein in unserem Ort gründen. Der Zulauf war rege, denn Otto Bauer setzte als Vorstandsmitglied durch, dass eine Reihe von unterschiedlichen Sportarten angeboten wurden. Über vierzig Jahre lang blieb er diesem, seinem Turnverein treu. Bis letztes Jahr leitete er den Seniorensport.

Aber nicht nur die Sportstunden, auch die Vereinsfahrten lagen in seinen passionierten Händen. Und gerade jetzt in dieser traurigen Stunde möchte ich an all die wunderbaren Reisen erinnern, die Otto für uns organisierte und die uns immer in Erinnerung bleiben werden.

Wir verlieren mit ihm einen Freund, einen Sportler und Vereinskameraden. Er war die Seele unseres Turnvereins und zu großen Teilen auch unseres Dorflebens. Doch noch viel härter trifft dieser Verlust die engsten Angehörigen. Liebe Familie Bauer, so wie Otto uns immer unterstützt und uns geholfen hat, so möchten wir auch Sie nun trösten. Sie können sicher sein, dass Sie nicht alleingelassen und ein fester Bestandteil dieser Gemeinde bleiben werden.

Tod eines Mitarbeiters oder Kollegen

Auf einer Trauerfeier möchte niemand gern sprechen. Dennoch gibt es Situationen, denen Sie sich nicht entziehen können. Sind Sie Arbeitgeber oder Freund eines Verstorbenen, so wird erwartet, dass Sie einige Worte sagen.

 **Tipp**:
Versagt Ihre Stimme während einer Trauerrede, brechen Sie ab mit einem leisen „Verzeihen Sie!" und treten Sie zurück in die Trauergemeinde.

Wer spricht wann?	
Trauerakt im Betrieb	Firmeninhaber/Geschäftsführer/Repräsentanten
Trauerfeier in der Kirche	Geistlicher (von der Kanzel) Firmenchef (vom Mikrofon, mit Manuskript möglich) Enge Freunde (vom Mikrofon)
Große Friedhofs-kapelle	Geistlicher (Pult mit Mikrofon) Firmeninhaber/Chef (Pult mit Mikrofon, Stichwortzettel)
Kleine Friedhofs-kapelle	Geistlicher Firmeninhaber/Chef (frei stehend, beim Abgang vor dem Sarg verneigen)
Am Grab	Geistlicher Firmeninhaber/Chef, Freund (vor dem Sarg verneigen, dann mit leiser Stimme reden, keine Stichwortzettel oder Manuskript)

Trauerrede eines Dienst-stellenleiters für eine langjährige Mitarbeiterin

Botschaft: Ehrendes Gedenken

Inhalt:
- Ansprache an die Trauergemeinde
- Würdigung der Arbeit der Verstorbenen
- Ausdruck der Trauer und der Anteilnahme

Lieber Herr Meier, liebe Angehörige, liebe Kollegen und Mittrauernde,

wir müssen uns heute von Luise Meier verabschieden, die nicht nur unsere Kollegin war, nicht nur die versierte Mitarbeiterin, sondern auch zugleich – und das vor allem – ein Mensch, der sich durch Großherzigkeit und besonderes Mitgefühl auszeichnete. Eine solche Kollegin war für eine Dienststelle wie unsere ein Glücksfall.

27 Jahre lang hat Frau Meier ihre Arbeit hier im Amt erfüllt, dabei die Kundinnen und Kunden, aber auch die Mitarbeiterinnen und Mitarbeiter mit ihrer besonderen Herzlichkeit umsorgt. Sie war zum großen Teil für die harmonische Arbeitsatmosphäre in unserem Amt zuständig.

Ihr Weg zu uns führte sie nach der Schulausbildung und der kaufmännischen Berufsfachschule zur Verwaltungsausbildung. Nach verschiedenen Stationen kam sie schließlich vor fast drei Jahrzehnten in unsere Dienststelle.

Hier fühlte sie sich von Anfang an wohl, weshalb sie auch blieb. Neben ihrer alltäglichen Arbeit engagierte sie sich zusätzlich im Personalrat. Ihr lagen besonders die Interessen der Angestellten am Herzen. Immer hatte sie ein offenes Ohr für die Probleme und versuchte Lösungen zu finden. Mit ihrer ruhigen, aber auch bestimmten Art war sie die richtige Person, um Konflikte zu schlichten. Wir alle verließen uns auf ihr Können und ihre Kompetenz. Sie wird uns fehlen in so vielen kleinen Dingen des Alltags wie auch in den großen Aufgaben, die sie zu unser aller Wohl bis zuletzt durchzusetzen versuchte.

Lieber Herr Meier, wir fühlen mit Ihnen und versuchen zu ermessen, wie Sie trauern und leiden müssen. Auch wir werden diese Frau nicht vergessen. In unserer Erinnerung wird sie weiterleben und unser Andenken wird sie als Vorbild bewahren.

Passende Zitate und Gedichte zum Tod

Nicht den Tod sollte man fürchten, sondern dass man nie beginnen wird, zu leben.

Marcus Aurelius

Abendempfindung

Abend ist's, die Sonne ist verschwunden,
und der Mond strahlt Silberglanz;
so entfliehn des Lebens schönste Stunden,
fliehn vorüber wie im Tanz.

Bald entflieht des Lebens bunte Szene,
und der Vorhang rollt herab;
aus ist unser Spiel, des Freundes Träne
fließet schon auf unser Grab.

Bald vielleicht (mir weht, wie Westwind leise,
eine stille Ahnung zu),
schließ ich dieses Lebens Pilgerreise,
fliege in das Land der Ruh.

Werdet ihr dann an meinem Grabe weinen,
trauernd meine Asche sehn,
dann, o Freunde, will ich euch erscheinen
und will himmelauf euch wehn.

Schenk auch du ein Tränchen mir
und pflücke mir ein Veilchen auf mein Grab,
und mit deinem seelenvollen Blicke
sieh dann sanft auf mich herab.

Weih mir eine Träne, und ach! schäme
dich nur nicht, sie mir zu weihn;
oh, sie wird in meinem Diademe
dann die schönste Perle sein!

Joachim Heinrich Campe

Für sich selbst ist jeder unsterblich; er mag wissen, dass er sterben muss, aber er kann nie wissen, dass er tot ist.

Samuel Butler

Den Tod fürchten die am wenigsten, deren Leben den meisten Wert hat.

Immanuel Kant

Ich bin nicht tot,
ich tausche nur die Räume,
ich bin in euch
und geh' durch eure Träume.

Michelangelo

>>

Tod = eine Bruchstelle, kein Ende.

Ernst Jünger

Das Leben ist nur ein Moment, der Tod ist auch nur einer.

Friedrich von Schiller

Das einzig Wichtige im Leben sind die Spuren von Liebe, die wir hinterlassen, wenn wir ungefragt weggehen und Abschied nehmen müssen.

Albert Schweitzer

Wie wenn das Leben …

Wie wenn das Leben wär nichts andres
als das Verbrennen eines Lichts!
Verloren geht kein einzig Teilchen,
jedoch wir selber gehn ins Nichts!

Denn was wir Leib und Seele nennen,
so fest in eins gestaltet kaum,
es löst sich auf in tausend Teilchen
und wimmelt durch den öden Raum.

Es waltet stets dasselbe Leben,
Natur geht ihren ew'gen Lauf;
in tausend neu erschaffnen Wesen,
stehn diese tausend Teilchen auf.

Das Wesen aber ist verloren,
das nur durch diesen Bund bestand,
wenn nicht der Zufall die verstaubten
aufs Neue zu einem Sein verband.

Theodor Storm

Der Tod ist groß …

Der Tod ist groß.
Wir sind die Seinen
lachenden Munds.
Wenn wir uns mitten im Leben meinen,
wagt er zu weinen
mitten in uns.

Rainer Maria Rilke

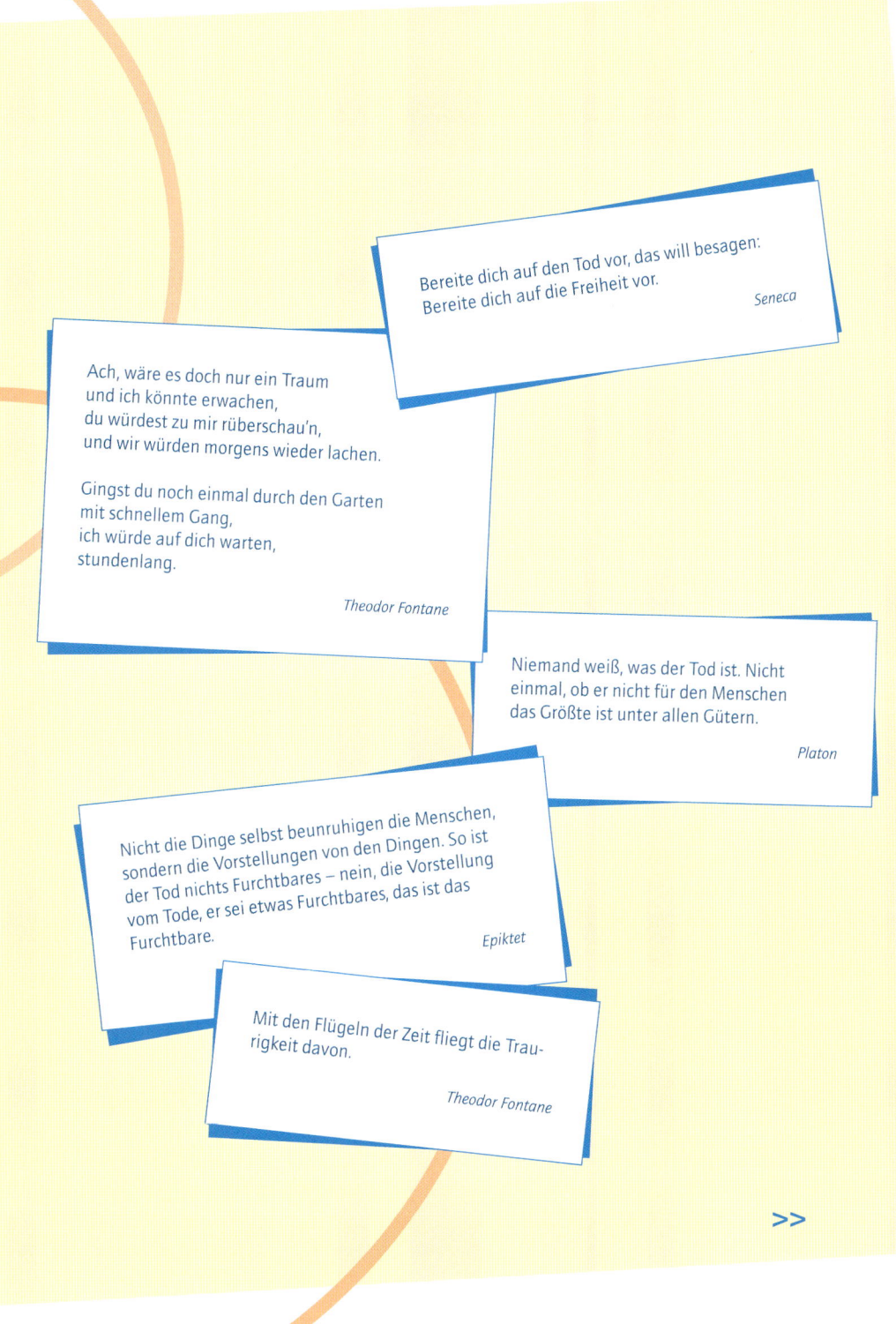

Bereite dich auf den Tod vor, das will besagen:
Bereite dich auf die Freiheit vor.

Seneca

Ach, wäre es doch nur ein Traum
und ich könnte erwachen,
du würdest zu mir rüberschau'n,
und wir würden morgens wieder lachen.

Gingst du noch einmal durch den Garten
mit schnellem Gang,
ich würde auf dich warten,
stundenlang.

Theodor Fontane

Niemand weiß, was der Tod ist. Nicht
einmal, ob er nicht für den Menschen
das Größte ist unter allen Gütern.

Platon

Nicht die Dinge selbst beunruhigen die Menschen,
sondern die Vorstellungen von den Dingen. So ist
der Tod nichts Furchtbares – nein, die Vorstellung
vom Tode, er sei etwas Furchtbares, das ist das
Furchtbare.

Epiktet

Mit den Flügeln der Zeit fliegt die Trau-
rigkeit davon.

Theodor Fontane

>>

Alles, was Wissenschaft mich lehrte und noch lehrt,
stärkt meinen Glauben an ein Fortdauern unserer
geistigen Existenz über den Tod hinaus.

Wernher von Braun

Der Mensch ist erst wirklich tot, wenn
niemand mehr an ihn denkt.

Bertolt Brecht

Der Tod ist kein Abschnitt des Daseins, sondern
nur ein Zwischenereignis, ein Übergang aus einer
Form des endlichen Wesens in eine andere.

Wilhelm von Humboldt

Trösten ist eine Kunst des Herzens. Sie besteht
oft darin, liebevoll zu schweigen und schweigend
mitzuleiden.

Otto von Leixner

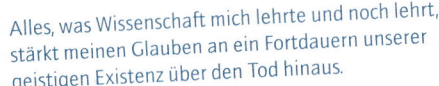

Der Tod ist nur ein gewaltiger Akt des Lebens,
denn er gebiert ein höheres Leben.

Pierre Victorin Vergniaud

Wer das Wesen der Welt erkannt hat, sieht im
Tode das Leben, aber auch im Leben den Tod.

Arthur Schopenhauer

Wer den Tod ablehnt, lehnt das Leben ab. Denn das
Leben ist uns nur mit der Auflage des Todes
geschenkt; es ist sozusagen der Weg dahin.

Seneca

Wenn wir das Leben lieben, sollten wir den
Tod nicht fürchten, denn er kommt aus derselben Hand.

Michelangelo

Wir bedauern die Toten, als fühlten sie den
Tod, und die Toten haben doch Frieden.

Johann Christian Friedrich Hölderlin

Berufsleben

Ein neuer Chef

Kommt ein neuer Chef in eine Abteilung oder Filiale, so führt ihn ein Vorgesetzter in sein Team ein. Zur Begrüßung wählt er freundliche Worte und heißt ihn willkommen.

Es ist auch durchaus üblich, einiges zur Biographie des neuen Chefs zu erzählen, um die Kompetenz und den Sachverstand zu unterstreichen. Eine freundliche und auch humorvolle Begrüßung kann dazu beitragen, dass auf beiden Seiten Ängste abgebaut werden.

Rede zur Einführung eines neuen Abteilungsleiters

Botschaft: Willkommen heißen

Inhalt:
- Begrüßung
- Vergleich mit einem Steuermann
- Kurzer Lebenslauf
- Wünsche für die gemeinsame Arbeit

**Lieber Herr Modersohn,
liebe Mitarbeiterinnen und
Mitarbeiter,**

ich heiße Sie alle herzlich willkommen, besonders aber Herrn Modersohn. Wir freuen uns, dass Sie ab heute hier das Ruder in die Hand nehmen und die Abteilung durch die Ozeane des Vertriebswesens leiten werden.

Dass Sie etwas vom Steuern auf hoher See verstehen, zeigen Ihre vorherigen Stationen. Nach dem Studium in Genf arbeiteten Sie sieben Jahre in Basel im Vertrieb des Tagesverlags, anschließend leiteten Sie den Vertrieb des Loseblattverlags, um nun hier ans Steuerrad unseres Verlagsvertriebs zu treten.

Wir sind sehr gespannt, welche Route Sie einschlagen werden. Sicher werden Strömungen und Strudel warten und manchmal müssen Sie vielleicht den Wind aus so manchem Segel nehmen, um den Kurs zu halten.

Ich wünsche Ihnen dazu alles Gute und bin sicher, dass alle Mitarbeiterinnen und Mitarbeiter freudig Hand anlegen werden, um unser Schiff sicher und unter Ihrer Führung durch sämtliche Gefilde zu leiten.

Ein herzliches Willkommen!

Antrittsrede

Übernehmen Sie eine neue leitende Funktion, eine Abteilung oder eine Filiale, dann wird von Ihnen eine Rede erwartet. Es ist Ihre Möglichkeit, sich als Chef sowie gleichzeitig den Geist vorzustellen, der künftig unter Ihren Mitarbeitern wehen soll. Werden Sie von einem Geschäftsführer oder Vorgesetzten eingeführt, ist es am besten nachzufragen, was der Inhalt dieser Rede sein wird. So können Sie Dopplungen vermeiden. Sprechen Sie Ihre Mitarbeiterinnen und Mitarbeiter direkt an. Sie haben sich vermutlich bereits über Sie erkundigt und warten nun mit Spannung und Neugier auf Sie.

Kurze Rede eines neuen Abteilungsleiters

Botschaft: Ängste vor der künftigen Zusammenarbeit nehmen

Inhalt:
- Begrüßung und Dank
- Nimmt das Thema des Steuermanns aus der Vorrede auf
- Wünsche für die gemeinsame Zusammenarbeit
- Toast

Tipp:

Um die Anspannung zu lösen, nutzen Sie die Techniken des Humors. Vermeiden Sie aber jede Art von Verbrüderung.

Damen und Herren, liebe Mitarbeiterinnen und Mitarbeiter,

ich freue mich über die freundlichen Worte und Wünsche von Herrn Doppler, die er Ihnen und mir auf den Weg gegeben hat.

Mit Freude übernehme ich das mir angebotene Ruder als Steuermann. Blicke ich mich um, so scheint mir eine erstklassige Mannschaft zur Seite zu stehen.

Ich möchte nun gar keine lange Rede halten, sondern Sie bitten, mit mir nach vorn zu blicken in eine gemeinsame, erfolgreiche Zukunft.

Ich freue mich auf unsere Zusammenarbeit und bin gespannt auf Ihre Ideen und Anregungen. Denn mir ist bewusst: Der Steuermann kann nur so gut wie seine Mannschaft sein.

Erheben Sie bitte das Glas mit mir und lassen Sie uns auf unser Wohl und das Wohl unserer Firma trinken!

Abschied oder Ruhestand

Wird ein hoher Angestellter aus dem Berufsleben entlassen, geschieht dies oft im Rahmen einer kleinen Feier oder eines Empfangs, bei dem Vorgesetzte oder enge Mitarbeiter eine Rede halten.

Eine Abschiedsrede muss nicht ernst und trocken sein. Sie kann durchaus auch humorvolle Elemente besitzen. Grundsätzlich sollte sie aber die Ehrenperson loben und die guten Eigenschaften und Leistungen herausstellen.

Hüten Sie sich, in den Ton einer Lobhudelei zu verfallen. Das wirkt unrealistisch. Sie dürfen durchaus auch kritische Töne anschlagen, es sollten aber immer die positiven überwiegen. Die Verabschiedung ist keine Gelegenheit, endlich einmal mit der zu ehrenden Person abzurechnen. Falls dies erforderlich gewesen wäre, hätten Sie klärende Gespräche vorher führen müssen. Die Verabschiedung ist ein Ehrentag.

Dennoch dürfen Sie nicht lügen und alles nur in schönen Farben malen. Wollen Sie etwas kritisch anmerken, dann stellen Sie nicht die ganze Person infrage, sondern äußern sich zur Sache. Jeder Mensch hat Ecken und Kanten. Indem Sie darauf hinweisen und diese auch benennen, erhöhen Sie sogar die Glaubwürdigkeit der positiven Eigenschaften.

Formulieren Sie geschickt und hintersinnig, geistreich und diplomatisch: „Seine Position war anders als meine" oder „Wir haben manchen Strauß ausgefochten. Aber am Ende haben wir uns immer zusammengerauft" oder „Sie waren nicht immer mit mir einverstanden, aber ich auch nicht mit Ihnen – das ist ganz normal. Niemand kann mit anderen immer und zu jeder Zeit einverstanden sein."

Alle Reden sollten positiv enden, damit die zurückliegende Zeit in guter Erinnerung bleibt und der Weg in eine unbeschwerte Zukunft möglich wird.

Tipp:

Eine Rede zur Verabschiedung ist keine Grabrede! Die meisten Menschen freuen sich auf die Zeit nach dem Berufsleben und sehen den Abschied auch als Neubeginn.

Passende Zitate

Ein Abschied schmerzt immer, auch wenn man sich schon lange darauf freut.

Arthur Schnitzler

Die Pension ist die begehrteste Alterserscheinung.

Wolfram Weidner

Klug ist, wer stets zur rechten Stunde kommt, doch klüger, wer zu gehen weiß, wann es frommt.

Emanuel Geibel

Wohin du auch gehst, geh mit deinem ganzen Herzen.

Konfuzius

Wenn jemand in einem Betrieb unverzichtbar ist, dann ist dieser Betrieb falsch organisiert.

Robert Niederer

Meistens hat, wenn zwei sich scheiden, einer etwas mehr zu leiden.

Wilhelm Busch

Abschied nehmen bedeutet immer auch ein wenig sterben. Partir, c'est mourir un peu.

Franz. Sprichwort

Rede des Chefs zur Pensionierung eines Abteilungsleiters

Botschaft: Rückblick und Dank für
die geleistete Arbeit

Lieber Heinrich,
liebe Kolleginnen und Kollegen,
liebe Mitarbeiter,

es war keine leichte Zeit, in die Heinrich Schubert 1941 hineingeboren wurde. In Deutschland herrschte ein Mann, der skrupellos über Leichen ging, Millionen Menschen ermorden ließ und einen barbarischen Krieg anzettelte. In diesem Krieg erblickte Heinrich das Licht der Welt.

Von seiner Mutter, die Heinrich mit seinen Geschwistern allein großzog, lernte das Kind, niemals aufzugeben. Die Nachkriegszeit ohne Vater, denn der war nicht aus dem Krieg zurückgekehrt, lehrte ihn schon als kleinen Buben das Arbeiten. Er absolvierte die Schulen mit einem klaren Ziel vor den Augen. Nach dem Abitur studierte er an der Universität Betriebswirtschaft.

1965 kam er nach dem Examen nach Hildesheim.

Was ihn dahin führte, klingt heute nach Nostalgie: eine Zweizimmerwohnung, die ihm von der Firma angeboten wurde, und der Ruf eines aufstrebenden Familienunternehmens, das sich langsam, aber stetig entwickeln wollte. Das Thema und die Firmenkultur müssen ihm gefallen haben, denn er hielt es hier mehr als vierzig Jahre aus.

Ich erinnere mich noch gut, als er das erste Mal das Büro der Buchhaltung betrat. Wir expandierten gerade, aber nichts lief in geordneten Bahnen. Heinrich schaute sich um und nickte, dann las er sich in die Unterlagen ein. Er sah, was wir brauchten, und handelte.

In all den Jahren konnten wir uns auf seine herausragenden Fähigkeiten und seine Sachkompetenz verlassen. Alle seine Verdienste hier aufzuzählen, sprengt den Rahmen. Hervorheben möchte ich die Umstrukturierung der Buchhaltung, den Aufbau der Kreditwürdigkeit unseres Unternehmens und die kluge Umbildung in eine Kommandit-Gesellschaft. In seinen Händen lag die Finanzplanung des gesamten Unternehmens. Bis heute.

Ein kluger Mann sagte einmal: „Aller Anfang ist schwer. Höchstens das Aufhören ist manchmal noch schwerer."

Lieber Heinrich, du befindest dich jetzt in einer Abschieds- und Anfangsphase. Du hast in den vergangenen vierzig Jahren das Firmenbild mitbestimmt. Du hast mit dazu beigetragen, dass aus unserem kleinen Familienbetrieb ein großes Unternehmen wurde. Deine Handschrift ist überall zu sehen und dafür danken wir dir.

Herzlichen Dank auch an deine Frau Ulrike. Liebe Ulrike, wir wissen, wie oft Privates zurückgestellt werden musste und sind dir einiges schuldig.

Für die kommende Zeit hast du dir so manches vorgenommen, lieber Heinrich. Ganz zuoberst steht eine Weltumseglung mit Ehefrau und Boot. Bitte lass uns per Postkarte daran teilhaben. Unser Geschenk, ein Kompass, kann dir hoffentlich in manchen Zeiten den richtigen Weg weisen.

Im Namen der Belegschaft wünsche ich dir für deinen weiteren Lebensweg Glück, Gesundheit und einen spannenden neuen Anfang.

Behalte uns in guter Erinnerung! Alles Gute für dich!

Verabschiedung einer Mitarbeiterin durch den Vorgesetzten

Botschaft: Ehrung der Arbeitsleistung

Inhalt:
- Begrüßung
- Ehrung der beruflichen Leistung
- Übergabe des Geschenkes
- Glückwünsche für die Zukunft

Liebe Frau Dr. Müller,

vierzehn Jahre gemeinsamer Arbeit liegen nun hinter uns. Vierzehn Jahre gemeinsamen Forschens an verschiedenen Projekten, Auswertungen, Diskussionen.

Der Austausch von Wissen und Informationen stand immer ganz vorn in unserer Abteilung. Es gab keine Geheimniskrämerei oder den unerbittlichen Konkurrenzkampf, der in anderen Instituten üblich ist.

Der außergewöhnliche Teamgeist, der hier herrscht, ist vor allem Ihr Verdienst, Frau Dr. Müller. Ihre Höflichkeit, Zuverlässigkeit, Fleiß und Loyalität trugen dazu bei, dass wir uns in den vielen Stunden des gemeinsamen Forschens immer wohlfühlten. Ihr fundiertes Fachwissen und innovatives Denken zeichnen Sie außerdem als herausragende Wissenschaftlerin aus. Leider müssen wir uns nun von Ihnen verabschieden.

Das Geschenk mit der Widmung aller Mitarbeiterinnen und Mitarbeiter soll Sie immer an uns erinnern.

Alles Gute für die Zukunft!

Dankesrede der Abschiednehmenden

Botschaft: Dank an die Mitarbeiter

Inhalt:
- Begrüßung
- Kurze Rückschau
- Dank an die Mitarbeiter
- Wünsche für die Zukunft

Lieber Herr Dr. Wohlfahrt,
liebe Kolleginnen und Kollegen,

mit einem lachenden und einem weinenden Auge stehe ich hier vor Ihnen, um mich von Ihnen zu verabschieden. Ein anderes Land und ein anderes Institut warten auf mich. So schön die Vorfreude auf die spannende Arbeit ist, so schwer fällt mir der Abschied hier.

Ich danke allen, die mit mir an einem gemeinsamen Ziel geforscht haben – oft genug unter Verzicht des pünktlichen Feierabends. Dieses Institut zeichnet sich durch herausragende Arbeit, Publikationen und Forschungsergebnisse aus, was an den ausgezeichneten Wissenschaftlern in diesem Institut liegt. Ich rede aber hier nicht von den Talenten allein, sondern vor allem von den Menschen.

Es war mir eine große Freude, so viele Jahre hier am Institut mit diesen wunderbaren Kolleginnen und Kollegen arbeiten zu dürfen. Meine Nachfolgerin kann stolz sein auf diese Mannschaft.

Vielen Dank auch Ihnen, Herr Dr. Wohlfahrt, dass Sie uns immer eine freie Forschungsarbeit ermöglichten und mich mit diesen warmen Worten verabschieden.

Ganz herzlichen Dank an alle und gute Wünsche für die Zukunft!

Abschiedsrede eines leitenden Mitarbeiters

Botschaft: Launiger Rückblick

Inhalt:
- Begrüßung
- Literarische Metaphern als Rückblick
- Dank für die Zusammenarbeit
- Wünsche für die Zukunft

Tipp:

Die Rede können Sie auch mit den Titeln anderer berühmter Autoren anpassen wie William Shakespeare, Heinrich Heine oder Günter Grass.

Lieber Herr Dr. Schade, liebe Kolleginnen und Kollegen,

herzlichen Dank für die persönlichen Abschiedsworte.

So steh ich hier, ich armer Tor, fällt mir dazu ein, denn Abschied ist immer auch ein bisschen wie Sterben.

Ich blicke auf eine Zeit zurück, die kaum in Worte zu fassen ist, weshalb ich Goethe zu Hilfe nehmen möchte. Nachdem ich meine **Lehr- und Wanderjahre** hinter mich gebracht hatte, trat ich in dieses Unternehmen ein. Viel **Dichtung und Wahrheit** hatte ich darüber gehört. Das machte mich neugierig. Aber ich brauchte nicht wie **Faust** einen Pakt mit dem Teufel zu schließen, um hier dreißig Jahre zu arbeiten und zu leben, die mir in den meisten Augenblicken Glück und Zufriedenheit schenkten.

Zum Abschied nun möchte ich am liebsten sagen **Verweile doch, du bist so schön!** Aber es ist, wie es ist: **Willkommen und Abschied** liegen nah beieinander.

Ich sage nun „Auf Wiedersehen" und plane andere **Wahlverwandtschaften** einzugehen, zuallererst natürlich eine engere mit meiner Frau.

Vielen Dank für die Bücher, die ich während meiner nun folgenden **Italienischen Reise** vielleicht auf einem **West-östlichen Diwan** lesen werde.

Alles Gute für Sie alle!

Zusammenkünfte

Das Richtfest

Sobald bei einem Hausbau die Zimmerleute das Dachgebälk aufgeschlagen haben, bedankt sich der Bauherr bei den bisher beteiligten Bauarbeitern – einschließlich dem Architekten – mit dem so genannten Richtfest. Dazu werden oft auch Freunde und Verwandte eingeladen.

Dieses Fest wird eher rustikal gefeiert, das bedeutet, dass Bierbänke und Tische im oder neben dem Rohbau – je nach Jahreszeit – stehen und bei einem herzhaften Essen auf den Hausbau angestoßen wird. Dies ist der richtige Moment für eine kurze Rede.

Rede des Bauherrn beim Richtfest

Botschaft: Dank an die Beteiligten

Inhalt:
- Begrüßung der Bauarbeiter, Architekten und Nachbarn
- Danksagung an alle beteiligten Gruppen
- Begrüßung der Nachbarn
- Toast

Liebe Männer und Frauen vom Bau, sehr geehrter Herr Architekt, liebe Freunde und Nachbarn,

meine Frau und ich freuen uns sehr, diesen wunderbaren Tag mit Ihnen feiern zu können. Auf dem Dach kündet der Richtkranz von bisher vollbrachter Tat. Der Rohbau – für uns natürlich der schönste weit und breit – prunkt im Licht.

Dazu beigetragen haben natürlich in erster Linie die Leute vom Bau, weshalb ich Sie auch zuerst in meiner Anrede genannt habe. Aufgrund Ihres Fleißes ist dieses Haus errichtet worden. Und was es da alles zu tun gab: Eine riesige Baugrube, die für uns sehr beängstigend aussah, füllte sich langsam und beharrlich mit Wänden, Decken, Fußböden und zeigt jetzt die Form eines Hauses an, bereit für die nächsten Arbeiten, die mithilfe Ihrer Hände ein Gesicht erhalten werden. Sehen Sie dieses Richtfest nicht nur als Tradition, sondern vor allem als Dank und Anerkennung Ihrer Arbeit.

Meine Damen und Herren, lieber Herr Architekt, die Form und das Gesicht des Hauses, eben jene gestalterische Feinheit, die dem Haus den Charakter gibt, ist Ihnen zuzuschreiben.

Ich möchte mich an dieser Stelle für die jederzeit faire und angenehme Zusammenarbeit bedanken.

Meine Frau und ich freuen uns sehr über die bisherigen Arbeiten und wünschen uns, dass die Vollendung ebenso zügig und unfallfrei voranschreiten möge.

Auch unseren zukünftigen Nachbarn unseren besten Dank für ihr Kommen. Wir freuen uns schon auf das gegenseitige Kennenlernen.

Nun wünschen wir allen ein vergnügtes Beisammensein und ein fröhliches Richtfest!

Passende Gedichte zum Richtfest

Sprüche für Handwerker

Wir wollen gerne wagen,
in unseren Tagen
der Ruhe abzusagen,
die's Tun vergisst.
Wir wollen nach Arbeit fragen,
wo welche ist,
am Leben nicht verzagen,
uns fröhlich plagen
und unsere Steine tragen
aufs Baugerüst.

Nikolaus Ludwig Graf von Zinzendorf

Zum Richtfest eines Hauses

Das neue Haus ist aufgericht't,
gedeckt, gemauert ist es nicht.
Noch können Regen und Sonnenschein
von oben und überall herein:
Drum rufen wir zum Meister der Welt,
er wolle von dem Himmelszelt
nur Heil und Segen gießen aus
hier über dieses offne Haus.

Zuoberst woll' er gut Gedeihn
in die Kornböden uns verleihn;
in die Stube Fleiß und Frömmigkeit,
in die Küche Maß und Reinlichkeit,
in den Stall Gesundheit allermeist,
in den Keller dem Wein einen guten Geist.
Die Fenster und Pforten woll' er weihn,
dass nichts Unseliges komm' herein,
und dass aus dieser neuen Tür
bald fromme Kindlein springen für.

Nun, Maurer, deckt und mauert aus!
Der Segen Gottes ist im Haus!

Ludwig Uhland

Sehnsucht

Ich sehne mich nach einem Häuschen
in Bayern oder an der Spray,
ein Zimmer braucht' es nur zu haben,
dazu ein Bad und ein WC.
Im Zimmer würde ich notieren,
was ich beim Baden grad gedichtet,
und im WC würd' dann das Machwerk
von mir gleich hinterrücks vernichtet.

Heinz Erhardt

Rede eines Freundes zur Hauseinweihung

Botschaft: Glückwunsch und Rückblick

Inhalt:

- Ansprache an die Hausherren
- Dank für die Einladung
- Kurzer Überblick über die Bauzeit
- Glückwünsche und Toast

Liebe Sabine, lieber Toni, liebe Freunde und Gäste der Bauherren,

zunächst einmal danke ich – auch im Namen aller Gäste – für die Einladung zu diesem Fest.

Heute gibt es keine alltägliche Party, sondern eine einmalige Gelegenheit, etwas ganz Besonderes zu feiern, nämlich den Einzug in ein neues Heim.

So einfach baut sich kein Haus, das wissen wir. Viele Nerven und das eine oder andere Haar hat dieses Heim den Hausherren gekostet. Wer hätte gedacht, dass der Keller gleich nach Fertigstellung vollläuft, die Sanie-rungsfirma Pleite macht, der Bau sich um Wochen verzögert, die Termine nicht gehalten werden können ... und Sabine und Toni so manch schlaflose Nächte, arbeitsreiche Wochenenden und zermürbende Wartezeiten auf sich nehmen mussten.

Ihr kennt jetzt sicher das gesamte Sortiment der umliegenden Bau-märkte, könnt exakt die Minuten und Kilometer angeben, die man benö-tigt, um von hier nach dort zu gelan-gen, und welche Wege die effizientes-ten sind. Ihr kennt die Mitarbeiter sämtlicher Bau-, Elektroinstallations-

und Malerfirmen der Gegend, wisst, wer bei der Telekom arbeitet und endlich eine funktionsfähige Leitung legen konnte, kennt die neuesten Kompakt-, Spar- und sonstigen Tarife. Kurz und gut: Nun seid ihr im Häuserbauen so richtig bewandert – und jetzt könnte es eigentlich erst richtig losgehen.

Was hinter euch liegt, ahnen wir nur. Nach jahrelangem Sparen, monatelangem Abmühen und täglichem Katastrophendienst habt ihr euch euer Heim wahrlich erarbeitet.

Umso schöner ist es nun für uns, hier bei eurer Einweihungsfeier mit euch auf das gelungene Ergebnis anstoßen zu können.

Liebe Sabine, lieber Toni, ich gratuliere euch zu euren eigenen vier Wänden. All eure Mühe hat sich gelohnt. Ihr habt ein wunderschönes Haus und einen herrlichen Garten. Ich bin sicher, ihr werdet hier viele glückliche Jahre verbringen.

Viel Spaß und Glück im neuen Heim!

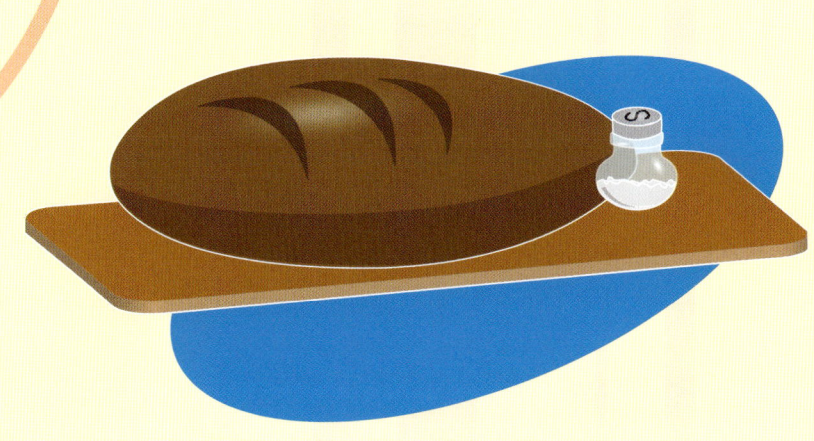

Silvester

Haben Sie sich Silvester Gäste eingeladen, so ist der Zeitpunkt für eine Rede, die sich auch auf das neue Jahr beziehen soll, zwischen 23 und 24 Uhr.

Tischrede des Gastgebers am Silvesterabend

Botschaft: Willkommenheißen der Gäste und des neuen Jahres

Inhalt:

- Willkommenheißen der Gäste
- Kurze Aufzählung, was jedem Anwesenden Gutes widerfahren ist
- Glückwünsche für das neue Jahr
- Toast

Liebe Freunde,

schenkt mir kurz euer Gehör. Ich freue mich, dass ihr mit mir hier in das neue Jahr hineinfeiert. In wenigen Minuten ist das alte Vergangenheit. Für jeden sind die vergangenen zwölf Monate anders gelaufen.

Monika und Joachim sind in ihr neues Haus gezogen, Sieglinde und André waren auf großer Reise, Uli hat einen neuen Job und Moni erlebte glücklich und gut gelaunt wie immer allerhand in ihrem Hotel. Auch von mir kann ich sagen: Im Grunde genommen war es ein gutes Jahr. Aber auch ein ebenso aufregendes wie bei jedem Einzelnen von euch.

Für das Neue Jahr wünsche ich euch allen, dass ihr das neue so gut bewältigt, wie es geht, dass es neue interessante Sachen für jeden mitbringt und dass eure Wünsche in Erfüllung gehen.

Bleiben wir alle gesund und munter, sodass wir uns in einem Jahr in gleicher Runde wiedersehen.

Passende Zitate zum gemeinsamen Essen

Ehe man anfängt, seine Feinde zu lieben, sollte man seine Freunde besser behandeln.

Mark Twain

Glücklich machen ist das höchste Glück.

Theodor Fontane

Der Freund braucht kein guter Gesellschafter zu sein. Man erkennt ihn daran, dass es auch schön ist, mit ihm zu schweigen.

Sigmund Graff

Der beste Weg, sich selbst eine Freude zu machen, ist: zu versuchen, einem anderen eine Freude zu bereiten.

Mark Twain

Wenn ich mit intellektuellen Freunden spreche, festigt sich in mir die Überzeugung, vollkommenes Glück sei ein unerreichbarer Wunschtraum. Spreche ich dagegen mit meinem Gärtner, bin ich vom Gegenteil überzeugt.

Bertrand Russell

KLassentreffen

Klassentreffen finden in regelmäßigen Abständen und meist zur Freude aller Beteiligten statt. Um das Vorstellen jeder einzelnen Person in geordnete Bahnen zu lenken, halten die Organisatoren eine kleine Rede zu Beginn der Feier.

Im Anschluss sollte man sich unbedingt mit einigen Worten bei denen bedanken, die dieses Klassentreffen ermöglichten.

Rede zum Klassentreffen

Botschaft: Willkommenheißen und Vorstellung aller Gäste

Inhalt:
- Begrüßung
- Grund der Zusammenkunft
- Begrüßung des ehemaligen Lehrers und kleine Rückschau
- Vorstellung aller ehemaligen Mitschüler ermöglichen
- Toast

Liebe ehemalige Mitschülerinnen und Mitschüler,

heute feiern wir ein kleines Jubiläum: Vor zwanzig Jahren drückten wir das letzte Mal gemeinsam die Schulbank! Unvergesslich waren diese Jahre sicher für jeden Einzelnen von uns. Dennoch ist in den letzten zwei Jahrzehnten einiges passiert, denn wie erkannte schon Johann Nestroy: „Die Welt ist die wahre Schule, denn da lernt man alles von selbst."

Also nicht nur in den Erinnerungen soll heute geschwelgt, sondern auch erzählt werden, wie es jedem ergangen ist in der Welt.

Von uns 24 Pennälern konnten immerhin 20 heute kommen. Zwei haben sich entschuldigt, zwei waren trotz allseitiger Hilfe nicht zu finden. Als Ehrengast begrüße ich unseren geliebten und allseits verehrten ehemaligen Klassenlehrer, Herrn Schenkl. Er hat uns die Jugendjahre unseres schwierigen Schulalters als kompetenter Lotse durch die gefährlichen Gewässer der Entwicklungszeit geführt. Dass ihn schockierende Bilder, die wir geschickt lancierten, nicht abschrecken ließen, ist seiner großen Ruhe und dem ausgeglichenen Gemüt zu verdanken.

Ich erinnere nur an jenen dunklen Tag, als Herr Schenkl unsere Klasse betrat und ihm eine schwarze Masse gegenübersaß. Alle trugen Trauerkleidung. Nach der ersten Schrecksekunde, die er sichtlich durchlebte, fing er sich recht schnell und fragte mitfühlend: „John Lennon ist schon tot. Wer ist heute gestorben?"

Dass wir eigentlich nur ausprobieren wollten, wie sich eine einheitlich gekleidete Schulklasse visuell auf das Gegenüber auswirkt, stieß nicht bei allen Lehrern auf derartiges Verständnis. Auch sämtlichen Moden mit knielangen Hemden, Hüten oder ausgefallenen Haarkreationen, die vor allem auf Klassenfahrten in aller Hemmungslosigkeit ausgelebt werden mussten, begegnete er mit Langmut. Einen herzlichen Willkommensbeifall für Herrn Schenkl!

Einige von uns haben über all die Jahre einen intensiven Kontakt gehalten. Ich weiß von einer harten „Mädchentruppe", die sich jedes Jahr im Herbst trifft und ein Wochenende gemeinsam verbringt. Davon müsst ihr uns unbedingt mehr erzählen. Andere haben sich aus den Augen verloren – aber zum Glück heute wieder erkannt.

Für die erste Übersicht schlage ich nun vor, dass sich jeder und jede in einer kurzen Rede vorstellt und aus dem Leben erzählt. Damit die größte Neugier gleich befriedigt werden kann,

sollte in der Rede enthalten sein:
– der neue Familienname, falls verheiratet
– wenn verheiratet, dann seit wann oder zum wievielten Mal
– verliebt, verlobt, verbandelt?
– wo liegt das Zuhause?
– Kinder
– Beruf
– Zukunftspläne

Am besten, ich fange gleich mal an und führe vor, wie ich mir das gedacht habe: Ich heiße jetzt Meier, bin seit fünf Jahren zum zweiten Mal verheiratet, habe eine Tochter aus erster Ehe, die mittlerweile schon 13 Jahre alt ist. Nach dem Abitur habe ich Germanistik studiert, dann bei einer Zeitung volontiert und arbeite nun als Journalistin fürs Radio hier in Hannover, wo ich auch wohne. Mein Beruf ist manchmal ziemlich stressig, macht mich aber sehr glücklich. Unsere Familie baut gerade ein Haus am Stadtrand aus. Dass dieses bald fertig werden möge, ist momentan mein einziger Zukunftswunsch ...

...

Nun ist die Runde wieder bei mir angelangt. Jeder hat sich vorgestellt. Jetzt kennen wir uns etwas besser und haben genug Gesprächsstoff. Ich wünsche euch ein anregendes Klassentreffen. Greift auch am Büfett zu. Lasst uns aber vorher noch auf uns anstoßen!

Vereinsfeiern

Vereinsmitglieder treffen sich regelmäßig, um Rechenschaft abzulegen oder neue Ziele zu planen. Aber auch außerhalb der offiziellen Sitzungen finden Feiern zu bestimmten Anlässen statt. Eine Weihnachtsfeier bietet die Möglichkeit, eine etwas gefühlvollere Rede als sonst im Verein üblich zu halten.

Rede einer Teilnehmerin

Botschaft: Dank an die Organisatorin

Inhalt:
- kurze Ansprache
- Danksagung
- Zukunftsaussicht

Ihr Lieben alle, liebe Dorothee,

auf dieses Klassentreffen hatte ich mich gefreut, seit die Einladung im Briefkasten lag. Jetzt stehen wir alle hier versammelt, betrachten uns neugierig und sind gespannt auf die vielen Gespräche, die nun folgen werden.

Möglich ist dies nur durch deine Initiative, liebe Dorothee. Du hast die Adressen gesammelt, recherchiert und geordnet. Hast Einladungen geschrieben, diesen wunderbaren Platz gebucht und den Tag organisiert. Im Namen aller Anwesenden danke ich dir ganz herzlich für deine Mühen. Der Blumenstrauß ist nur ein kleines Zeichen dafür.

Wir freuen uns auf diesen Abend und auf die vielen, die hoffentlich folgen werden!

Tipp:

Ein Rückblick auf vergangene Zeiten des Ehrengastes lässt sich immer gut in eine Rede einbauen. Achten Sie jedoch darauf, dass Sie eine Rede niemals mit einem Rückblick beenden. Schwenken Sie rechtzeitig vor dem Abschluss Ihrer Rede um auf die Gegenwart oder Zukunft.

Rede eines Vereinsmitglieds zur Weihnachtsfeier

Botschaft: Fröhliche und besinnliche Stunden miteinander verbringen

Inhalt:
- Begrüßung
- Grund der Zusammenkunft
- Rückschau auf das zurückliegende Jahr
- Verbundenheit aller Mitglieder ansprechen
- Toast

Liebe Vereinsfreunde,

„Alle Jahre wieder" heißt es in einem bekannten Weihnachtslied. Und auch wir feiern alle Jahre wieder gemeinsam ein Weihnachtsfest in der Adventszeit. Diese schöne Tradition geht auf unseren vorletzten Vorsitzenden zurück, der heute leider nicht mehr mit uns feiern kann. Die Erinnerung an ihn wird uns heute Abend begleiten.

Vieles ist in diesem fast verstrichenen Jahr passiert, das uns auf Trab gehalten hat. Erinnern möchte ich an die sportlichen Erfolge unseres Nachwuchses. Die Mädchen und Jungen haben in den Platzierungen hervorragende Ergebnisse erzielt. Einen herzlichen Glückwunsch noch einmal an alle. Die Damen- und Herrenmannschaften haben ebenfalls gute Leistungen gezeigt, können sich aber noch steigern, da bin ich sicher. Auf jeden Fall dürfen wir mit allen unseren

Ergebnissen zufrieden sein. Vor allem auch über die gemeinschaftlichen Aktivitäten, das Beisammensein und den Zusammenhalt.

Das Engagement aller Beteiligten ist enorm, was ich heute in dieser besinnlichen Stunde ganz besonders ansprechen möchte. Weihnachten ist auch das Fest der Nächstenliebe. Dass wir füreinander einstehen in unserem Verein, passt wunderbar zu diesem Fest, weshalb wir es auch voller Freude feiern werden.

Lasst uns nun das Essen genießen, den Punsch, den die Damenmannschaft in diesem Jahr kreiert hat. All die verschiedenen Kerzen, die ihr mitbracht, erinnern uns an die Einzigartigkeit eines jeden Menschen. Dass sie hier so schön zusammen brennen, steht für unseren Verein.

Fröhliche und besinnliche Stunden uns allen!

Rede anlässlich eines Jubiläums des Gartenbauvereins

Botschaft: Gartentradition

Inhalt:
- Begrüßung
- Glückwünsche zum Jubiläum
- Würdigung der Zusammenarbeit
- Rückschau
- Toast

Liebe Mitglieder des Gartenbauvereins, sehr geehrte Damen und Herren,

gern bin ich der Einladung gefolgt, hier zum Jubiläum des Gartenbauvereins zu sprechen. Als langjähriger Freund und Beobachter unseres Nachbarvereins spreche ich euch meine herzlichen Glückwünsche zum Jubiläum aus.

Seit vielen Jahren verbindet uns ein freundschaftlicher Umgang zwischen den Vereinen, der von kameradschaftlichem Austausch und regem Interesse begründet wird.

Seit nunmehr 50 Jahren habt ihr euch im Gartenbauverein „Frohsinn" der Landschaftspflege, Dorfverschönerung und der Verbesserung der Gartenkultur verschrieben. Euer Ziel ist es, dass möglichst viele nutzbare Gärten in unserer Heimat entstehen, die das öffentliche Bild verschönern und zur Verbesserung der Lebens-

qualität beitragen. Ein Garten bringt Früchte und Freude dem Besitzer. Damit er nicht nur Arbeit macht, sondern auch Frohsinn, haben sich die Mitglieder in einem Verein zusammengefunden und helfen sich untereinander.

Die Gartentradition ist alt. Die Bauernhöfe beeindruckten früher mit herrlichen Exemplaren von Birne, Apfel, Pflaume oder Nuss. Die Obstbäume wurden vielfältig genutzt als Obst-, Saft- oder Schnapsspender.

In den Gärten und an den Feldern fungierten sie als Schattengeber oder Windbremse und verbesserten das Kleinklima im Dorf.

Auch heute kann man sich eine Landschaft ohne Bäume nicht vorstellen. Sie künden von den Jahreszeiten, treiben ihre üppige Blütenpracht im Frühjahr, tragen reichliche Früchte im Sommer und färben die Blätter im Herbst. Mit Schnee bedeckt lassen sie im Winter bizarre Formen entstehen. Sie sprechen die Seele an, das Herz und den Magen.

Durch die Umgestaltung der Dörfer änderte sich der Einfluss des Bauernstandes, die Tradition wurde verdrängt. Einfamilienhäuser und Hausgärten entstanden, die Landschaft veränderte sich. In diesem neuen Umfeld gründete sich der Gartenbauverein, der das Wissen der bäuerlichen Obst- und Gartenpflege wei-

terträgt. Solche Vereine, zu dem auch unser Schwesterverein gehört, erhalten heute die dörfliche Landschaft und pflegen sie.

Ich wünsche euch viel Freude und Mitglieder in eurem Verein, weiterhin gute Zusammenarbeit und eine erfolgreiche Zukunft.

Ein herzliches Glückauf!

© 2007 SAMMÜLLER KREATIV GmbH

Genehmigte Lizenzausgabe
EDITION XXL GmbH
Fränkisch-Crumbach 2007
www.edition-xxl.de

Layout, Satz und Umschlaggestaltung:
SAMMÜLLER KREATIV GmbH

ISBN (13) 978-3-89736-232-1
ISBN (10)   3-89736-232-5